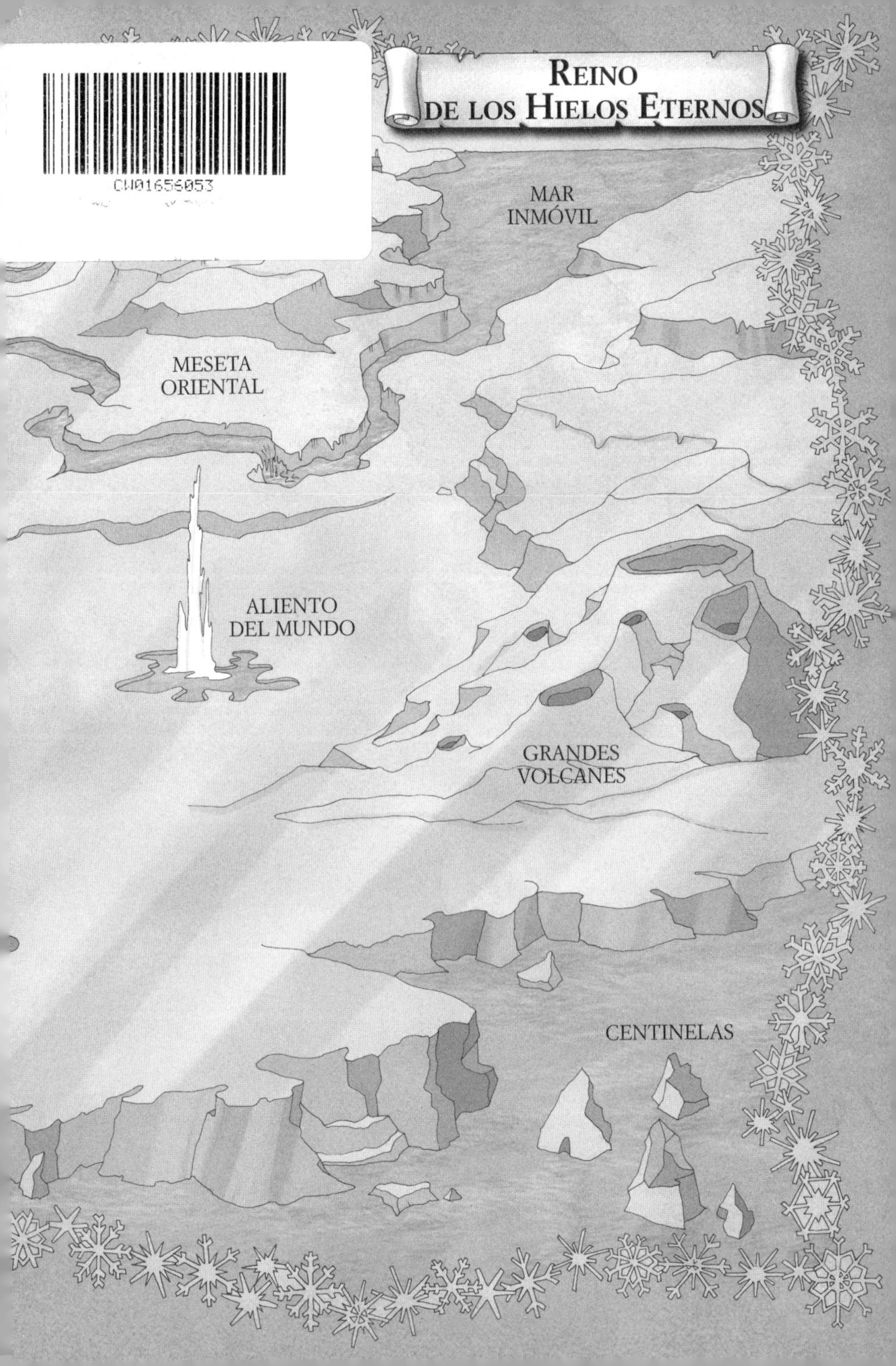
REINO
DE LOS HIELOS ETERNOS
MAR
INMÓVIL
MESETA
ORIENTAL
ALIENTO
DEL MUNDO
GRANDES
VOLCANES
CENTINELAS

Princesas del Reino de la Fantasía

1

Textos de Tea Stilton
Inspirado en una idea original de Elisabetta Dami
Diseño original de Princesas del Reino de la Fantasía de Silvia Bigolin
Ilustraciones de Silvia Bigolin
Ilustraciones de «Los secretos de Nives» de Silvia Fusetti
con la colaboración de Silvia Bigolin
Mapa de Carlotta Casalino
Cubierta de Iacopo Bruno

Título original: *Principessa dei ghiacci*
© de la traducción: Helena Aguilà, 2010

Destino Infantil & Juvenil
infoinfantilyjuvenil@planeta.es
www.planetadelibrosinfantilyjuvenil.com
www.planetadelibros.com
Editado por Editorial Planeta, S. A.

Primera edición: noviembre de 2010
Decimocuarta impresión: febrero de 2016
ISBN: 978-84-08-09443-2
Depósito legal: M. 2.617-2012
Impreso por Huertas Industrias Gráficas, S. A.
Impreso en España - Printed in Spain

El papel utilizado para la impresión de este libro es cien por cien libre de cloro y está calificado como **papel ecológico**.

Tea Stilton

PRINCESA de los HIELOS

DESTINO

Personajes

Princesa Nives

Es la princesa del Reino de los Hielos Eternos. Ha llegado el momento de que se case y sea reina.

Condesa Berglind

A veces, la anciana tía de Nives es algo severa, aunque sólo desea lo mejor para su sobrina.

Arla y Erla

Son las cocineras del castillo de Arcándida, dos hermanas testarudas y resueltas, que discuten por cualquier cosa.

Gunnar

El mayor lobo blanco del reino es el jefe de seguridad de Arcándida. Sus enormes ojos desprenden un gran magnetismo, pero no traslucen emociones.

Haldort

El bibliotecario de Arcándida, un gran estudioso, es un punto de referencia para toda la corte.

HELGI

Es el jardinero de la corte, el único que conoció al padre de Nives, el Rey Sabio.

OLAFUT

El impecable mayordomo de Arcándida jamás pierde el control de la situación.

TINA Y TALÍA

Son las primas de Nives. Talía, la pequeña, posee un rostro tan vivaracho como su carácter. Tina, más reflexiva y madura, tiene unos ojos grandes y profundos.

CALENGOL

Este ser, mitad gnomo y mitad elfo, es el enemigo número uno de Nives y de toda la corte de Arcándida.

PRÍNCIPE HERBERT DE LOM

El príncipe de la Tierra de Lom es el prometido de Nives. Muy pronto revelará su misteriosa naturaleza.

Venid conmigo...

Quiero llevaros a un sitio lejano...

Quiero viajar con vosotros a la tierra de los Cinco Reinos. Aquí, ¿la veis?, en los confines del Reino de la Fantasía... aunque la Fantasía no tenga límites.

Observad el mapa. Ahí está: el Reino de los Hielos Eternos.

Es una tierra fría, inhóspita, y nadie conoce bien su geografía.

Quizá no sea el lugar ideal para un comienzo, pero había que empezar por alguna parte.

No os lo puedo contar todo ahora. Tendréis que confiar en mí. Iremos paso a paso. Conoceréis a muchos personajes, visitaréis lugares increíbles, descubriréis grandes secretos.

Estoy segura de que os asombrarán. Un poco más de paciencia... Antes de iniciar este viaje, debéis saber ciertas cosas.

La primera es que, hace mucho tiempo, el Reino de los Hielos Eternos formaba parte de un reino más grande, llamado el Gran Reino, gobernado por un solo monarca: el Viejo Rey.

Era un mago increíblemente malvado, y todos los súbditos del reino eran víctimas de la crueldad del soberano y de sus hombres.

Muchos años antes de que comenzara esta historia, uno de los caballeros se rebeló. Luchó contra el Viejo Rey, lo derrotó y ocupó su lugar. Como era un hombre bueno, decidió perdonarle la vida al tirano.

Aquel caballero, sirviéndose de un hechizo ideado por el Viejo Rey, durmió al monarca y a sus consejeros. Una parte del palacio del Viejo Rey se separó del resto, y se convirtió en la Roca del Sueño. El lugar donde se erguía la Roca se alejó del Gran Reino, y se transformó en una isla.

La llaman Isla Errante, y es casi una leyenda, aunque algunos marineros del Mar de las Travesías afirman haberla avistado. Pero, ya se sabe, no hay que creer todas las historias que cuentan los marineros.

Tras dormir al Viejo Rey y a su corte, el caballero dividió el Gran Reino en cinco reinos distintos: el Reino de los Hielos Eternos, el Reino de los Corales, el Reino de Arena, el Reino de los Bosques y el

Reino de la Tierra Profunda. Y confió el gobierno de estos cinco reinos a sus cinco hijas, las Princesas del Reino de la Fantasía.

Por último, antes de abandonar los Cinco Reinos, el caballero suprimió toda magia, pues sabía que había sido gracias a la magia que el Viejo Rey había difundido el mal en el Gran Reino.

El caballero jamás fue un verdadero rey, pero los habitantes de los Cinco Reinos lo llamaban el Rey Sabio, pues todo lo había hecho por el bien de la gente.

Han pasado muchos años desde que el Rey Sabio dividió el Gran Reino, y ahora sus cinco hijas han crecido.

La protagonista de esta historia es Nives, la hija a quien el Rey Sabio confió el Reino de los Hielos Eternos, el más gélido de los Cinco Reinos.

Nives casi no tiene recuerdos de su familia. No se acuerda de su madre ni de sus hermanas. Sólo recuerda que, cuando era muy pequeña, su padre le regaló una caja, y le dijo que en el interior se ocultaba su futuro. Ahora, la princesa guarda esa caja en un lugar secreto de Arcándida, el Castillo de Hielo.

Con un poco de suerte, también vosotros descubriréis qué contiene.

Pero debéis tener mucho cuidado...

Porque alguien está tramando la forma de regresar al tiempo de la vieja magia. Alguien que entona viejas canciones, estudia libros antiguos y vive en la Roca del Sueño... aunque no está dormido.

Alguien que también ha crecido, y, según dicen, ha vuelto para llevar a cabo su malvado plan: reunificar los Cinco Reinos, y despertar de su sueño a toda la corte de la Isla Errante.

Cuando os aventuréis por las nieves perennes de esta historia, sed prudentes, pues os acecharán mil peligros...

¡Bienvenidos a Arcándida, el Castillo de Hielo!

Tea Stilton

PRIMERA PARTE

1
Una invitación secreta

Una figura encapuchada avanzaba sigilosamente por los pasillos desiertos del castillo de Arcándida. De vez en cuando, se pegaba a las paredes de hielo y aguzaba el oído: no había ni una alma.

Era temprano. Aún no había salido el sol, y la figura tenía tiempo de sobra para hacer lo que se había propuesto. Con paso fatigado, subió el amplio tramo de escaleras, que estaba cubierto de una suntuosa alfombra verde, y llegó hasta una gran puerta doble de madera oscura. La empujó con la mano, pero sólo logró abrir una rendija, apenas suficiente para colarse hasta el interior. La sala era enorme, circular y tapizada de libros por los cuatro costados. La grisura de las últimas horas nocturnas lo envolvía todo, aunque una trémula y débil luz recorría una de las estanterías.

—Señor Haldorr —llamó en voz baja la figura encapuchada.

La luz se detuvo y empezó a descender hacia el suelo de mármol, que, una vez iluminado, reveló unos espléndidos motivos florales.

A la luz de la vieja lámpara de aceite, apareció el rostro de Haldorr, el bibliotecario de Arcándida. Sus rasgos afilados subrayaban una expresión absorta en lejanos pensamientos. Tenía los ojos oscuros y asimétricos, y una nariz aguileña que casi le rozaba el labio superior. No obstante, su sonrisa alegre y jovial lo serenaba todo, como el sol que estaba a punto de salir.

—Buenos días, condesa Berglind —dijo Haldorr, colocando a la altura de la luz el frasco que sostenía con la otra mano—. Disculpad que os haya hecho esperar.

La condesa Berglind se bajó la capucha y se acercó para ver mejor.

Era una mujer anciana, con el cabello plateado recogido en un moño apretado que le adornaba la nuca como un pequeño acerico. Hacía ya tiempo que había cumplido los setenta, pero las dificultades de la vida no habían marcado su piel, que aún era lisa y sonrosada.

Sólo le traicionaba la vista, que no le permitió leer la etiqueta del frasco: «Tinta Hekta».

—¿Estás seguro de que esta tinta nos servirá? —preguntó la anciana condesa, achicando los ojos con la esperanza de distinguir alguna letra.

—Completamente, no os preocupéis —la tranquilizó el bibliotecario—. Es una tinta especial, única, di-

luida con escarcha que recogí personalmente en las laderas del volcán Hekta. Es una fórmula muy antigua.

La condesa parecía impresionada con la explicación de Haldorr, quien abría mucho los ojos para dar mayor énfasis a sus afirmaciones.

—Y lo que escribamos ¿sólo podrá verlo el destinatario de la invitación? —preguntó la condesa.

—Exacto. De este modo, evitaremos que las personas equivocadas lean el contenido del mensaje.

—¡Perfecto! Creo que ya está todo listo.

—Sólo tenemos que avisar a la princesa Nives.

Por un instante, la condesa pareció contrariada. Luego, agitó una mano ante su rostro, como si quisiera ahuyentar algún pensamiento.

—Gracias, Haldorr —dijo, sonriendo—, yo me ocuparé de Nives. Ya verás, todo va a salir bien. Además, no podíamos hacer otra cosa: ya es hora de que mi sobrina se case.

—Desde luego, condesa. Os ayudaré a preparar las invitaciones. Mañana, los lobos se las entregarán a las focas mensajeras, y éstas cruzarán el Mar de las Travesías para llevarlas a su destino.

—Muy bien. Me has sido de gran ayuda, Haldorr.

La anciana se subió la capucha y salió de la biblioteca.

Haldorr se quedó solo, esperando el amanecer. El primer rayo de sol entró por el ventanal de la sala, y rodeó su delgada silueta de un halo de luz rosada. Observó unos instantes la sombra proyectada a su espalda, y recordó que, cuando era niño, le encantaba crear figuras de sombra. Después, alzó los ojos hacia la gran cúpula de la biblioteca, en la que había pintados cientos de libros, y su mirada y pensamiento se perdieron en las alturas.

2

La princesa Nives

El día siguiente amaneció con un sol radiante.

Tras un invierno polar, el buen tiempo y la temperatura moderada infundían alegría y buen humor en los corazones de los habitantes del castillo. Con el sol bien alto en el cielo, era más fácil despertar felices y activos.

En la gran cocina del segundo piso, Arla y Erla, las dos cocineras, ya ocupaban sus puestos ante los fogones, enzarzadas en una discusión acalorada.

—Arla, ¡no insistas! Hicimos tarta de pera hace dos días. Ahora toca de manzana —argumentó Erla, con una manzana roja en la mano izquierda.

—¡Ni hablar, Erla! —replicó su hermana, con una pera en la mano—. La haremos de pera.

Arla y Erla eran hermanas, pero no se parecían en nada. Erla, la mayor, era alta y muy delgada, tanto que había que mirarla de frente para verla. En cambio, la más joven era todo lo contrario: bajita y regordeta, tenía la misma forma vista desde cualquier ángulo. En lo que sí se parecían era en el carácter: las dos eran testarudas y resueltas, nunca estaban de acuerdo y discutían por todo, hasta el último detalle.

—¡Te digo que será de manzana!

—¡Ah, no! Será de pera, o...

—¿Y si hacéis una tarta de pera y manzana? —sugirió una voz, por detrás de ambas cocineras.

—¡Buenos días, princesa Nives! —saludaron a coro, cogidas por sorpresa.

La princesa de Arcándida estaba especialmente guapa aquella mañana. Su rostro dulce y pálido resplandecía, y su mirada, a veces glacial, era serena y distendida. Parecía haber dormido mucho y bien.

Nives correspondió al saludo de las cocineras y entró en la cocina con una hermosa sonrisa.

Lucía un vestido sencillo, confeccionado en una seda especial hecha con lana. Un vestido azul noche, que llevaba con elegancia y gracia innatas, al igual que una flor luce sus pétalos.

Arla y Erla intercambiaron una mirada de complicidad.

—¿Hoy os tomáis el día libre? —preguntó Arla, la más chismosa de las dos, aludiendo al vestido, que no seguía las normas de etiqueta de la corte.

—Voy al Gran Árbol con Gunnar —respondió la princesa.

Al pensar en ello, una sonrisa veloz atravesó sus ojos claros. Le encantaba correr al galope, con Gunnar, por el hielo de su amado reino. En esa estación, la más benigna del año, Nives sentía como si floreciera, y cabalgar hasta el Gran Árbol era su forma de renacer.

Luego, a escondidas, apoyó sus esbeltos dedos en la mesa de la cocina, y los pasó por encima del azúcar glas.

—¡Princesa! —exclamó Erla, intentando detenerla—. ¡No se meten los dedos en el azúcar!

Pero Nives, con una mirada divertida, ya se había llevado los dedos a los labios y se había ensuciado hasta la punta de la nariz.

—¡Oh, princesa! —suspiró Arla—. ¡Nunca aprenderéis! ¡Vuestra tía, la condesa, os va a regañar!

—¿Y quién se lo va a decir? —la retó Nives, riendo—. ¿Vosotras? ¿Seréis capaces de hacer que me castiguen por un poco de azúcar?

Las dos cocineras sonrieron, resignadas: no había nada que hacer. La condesa Berglind y todos los demás se esforzaban por enseñarle a Nives las etiquetas y usos de corte necesarios para hacer de ella una digna reina, pero la chica eludía las normas y seguía comportándose como una niña traviesa. Sin embargo, ya no era ninguna niña, sino una joven llena de energía.

—Otra cosa... —añadió con tono de desdén, moviéndose como una flecha entre las cocineras, con su traje de campanilla.

—¿Queréis decirnos algo en especial, princesa? —dijo Arla, mirando a su hermana.

—¿Aparte de que vais a ir con Gunnar al Gran Árbol? —añadió Erla, completando la frase de su hermana con cierto temor.

El Gran Árbol era un árbol especial, mágico, que había crecido y se hallaba en un jardín secreto, cuya existencia sólo conocían unas pocas personas de confianza en la corte de Nives. Y, claro está, las cosas mágicas siempre producen temor y respeto.

Sin embargo, el Gran Árbol no era el único temor de Erla. Gunnar también era motivo de angustia, pues su aspecto feroz y poderoso le daba un miedo terrible.

Nives se detuvo ante la puerta, fingiendo un momento de indecisión.

—No, creo que no tengo nada más que deciros..., ¿por qué? —respondió la chica, con una sonrisa de desdén, simulando no comprender la razón del interrogatorio.

—No lo sé, Alteza —repuso Arla—. Me parece que, hace un instante, habéis dicho otra cosa...

—¿Estás segura, Arla? —la provocó su hermana—. Últimamente tu oído te juega malas pasadas.

—Pues claro, Erla. Lo he oído perfectamente y...

La cocinera se calló de repente. Desde el pasillo, les llegó un rumor de pasos, y, tras unos segundos, asomó por la puerta el enorme hocico de un lobo blanco. Era un animal robusto, con pelo abundante y de color uniforme, salvo por unas leves franjas grises en la cabeza y el cuello.

Sus ojos, enormes y azules, desprendían un gran magnetismo, pero a la pobre cocinera le parecían simplemente terroríficos, acerados y crueles. Era el mayor lobo del reino, el jefe de todos los lobos de la princesa. Era Gunnar.

—Hola, Gunnar —dijo Nives, sonriendo con la mirada—. ¡Vamos! Y vosotras dos —añadió, dirigiéndose a las dos hermanas—, no os peleéis más.

—¿Nosotras? —repuso Arla—. ¡Yo no! Eso es cosa de Erla.

—¿Yo? ¡Qué va! ¡Si siempre empiezas tú! —replicó Erla, amenazando con tirarle una manzana.

Nives sacudió la cabeza, divertida y resignada. Sus cocineras nunca cambiarían, pero no le importaba en absoluto. No le gustaban los cambios, prefería que todo siguiera como siempre.

3

El Gran Árbol

La llegada de la primavera era inminente. El Reino de los Hielos Eternos la estaba esperando, todo en su naturaleza la presagiaba.

En la llanura se intuían las primeras manchas de tierra marrón bajo la espesa capa de nieve invernal. En los caminos, los riachuelos corrían con mayor ímpetu. Tras despertar de su letargo, los primeros osos merodeaban entre arbustos ralos, y los conejos grises saltaban por doquier, comprobando la dirección del viento. En el cielo, de nuevo azul, los pájaros desentumecían sus alas y alzaban los primeros vuelos. Incluso el viento, unas semanas atrás gélido y cortante, parecía haber recobrado cierta serenidad.

La princesa galopaba sobre el lomo de Gunnar, asiendo con fuerza el abundante pelo del lobo. Nives llevaba una capa gruesa, de color azul, igual que su vestido, con la capucha desatada sobre los hombros. No tenía frío. Aquel día, el sol calentaba intensamente los cuerpos y los corazones.

El Reino de los Hielos Eternos era una llanura inmensa, rodeada de montes bajos al norte y al este. Detrás de éstos, el castillo de Arcándida se erguía como una gran señora vestida de blanco. Gunnar corría de prisa, y a su paso levantaba esquirlas de hielo, que empezaban a derretirse según se aproximaban al mar. La capa blanca que todo lo cubría era cada vez más blanda y líquida. Corrieron por vastos aguazales, sobre los que zumbaban tupidas nubes de mosquitos. Nives escuchaba el aire, y entornaba los ojos ante el reflejo del sol. Trazaron una gran curva en dirección sur, luego marcharon hacia el norte, directos a los montes.

Tras varias horas de viaje, Gunnar se detuvo al llegar a una grieta en el hielo, una abertura, al menos en apariencia, igual que las demás. Nives se apeó y se introdujo en la grieta, que pronto se convirtió en un estrecho pasadizo.

Gunnar la siguió con dificultad. Su cuerpo robusto apenas cabía por la abertura de la pared de hielo.

De repente, tras haber dado unos pasos, la grieta se ensanchó, transformándose en una amplia caverna de roca. Una verde capa de hiedra, salpicada de pequeñas flores multicolores, envolvía las paredes internas.

Bajo sus pies, la gruta estaba cubierta de abundante césped, tan suave y verde que daban ganas de tumbarse en el suelo. Estaban en el Jardín de Invierno, donde se hallaba el Gran Árbol.

El árbol prodigioso crecía en el centro exacto de la caverna, aislado y majestuoso. Entre sus hojas verdes, brotaban las últimas flores y los primeros frutos. No daba un único fruto, sino varios a la vez: cerezas, manzanas, peras, ciruelas, plátanos y muchos otros.

En la caverna hacía mucho más calor que en la llanura. El sol entraba por una abertura en la roca, situada justo encima de la copa verde del Gran Árbol. La abertura, protegida por una espesa capa de hielo, parecía una lente, y filtraba la luz descomponiéndola en muchos arco iris distintos.

Una vez en el jardín, Nives se quitó los zapatos para sentir la hierba bajo sus pies desnudos, y se acercó lentamente a las ramas más bajas del árbol. Aspiró el aroma de las flores, y observó con sorpresa y curiosidad los frutos que asomaban por las ramas más altas.

—Buenos días, princesa —dijo una voz ronca y profunda, desde la zona más oscura de la cueva.

De pronto, apareció de la nada un hombre robusto, de mediana estatura, con un gran sombrero de fieltro oscuro. Era Helgi, el jardinero de la corte.

Su barba, rubia y cuidada, enmarcaba dos filas de dientes blancos y regulares. El ala del sombrero le tapaba los ojos, pero Nives conocía muy bien su mirada leal y sincera.

Le recordaba a la mirada de su padre, y a los tiempos en que aún vivía en el Gran Reino con su familia y sus hermanas.

—Buenos días, Helgi —respondió la princesa.

Sabía que el jardinero era hombre de pocas palabras, y por eso intentó reducir la conversación a lo indispensable. Además, tal como solía decir su padre, a veces bastaba una mirada para entenderse.

—Parece que nuestro querido árbol —prosiguió Nives, satisfecha— goza de buena salud.

—Gracias a la primavera —repuso Helgi, con humildad.

—Gracias a ti, Helgi.

—No digáis eso, princesa Nives. Para mí es un privilegio poder serviros.

En el Reino de los Hielos Eternos, nadie sabía a ciencia cierta quién era el viejo jardinero, ni qué ocultaba su pasado.

Helgi se quitó el sombrero, a buen seguro reprochándose el no haberlo hecho antes, y se lo llevó al pecho con la mano derecha. En la izquierda, llevaba una cesta hecha de ramas trenzadas, que sólo contenía unas tijeras muy grandes.

—¿Podemos coger un poco de fruta? —preguntó Nives, tímidamente.

—El árbol es vuestro, princesa —contestó el jardinero, con devoción.

Nives se volvió hacia Gunnar, y éste, comprendiendo lo que quería, se acercó y le ofreció su lomo para que ella subiera hasta las primeras ramas del inmenso árbol.

La princesa asió una rama y trepó, ágil como un mono. Observó la extraordinaria variedad de hojas y frutas del árbol. Muy cerca, en la parte más baja, asomaban los primeros limones. Un poco más allá, colgaban suculentos melocotones blancos. En unas semanas, serían los más aromáticos de los Cinco Reinos. Arriba había cerezas, pequeñas peras rojizas y enormes mangos.

El árbol tenía unas ramas fuertes y la corteza blanca. Nadie sabía si, en algún lugar remoto del Reino de la Fantasía, había otro árbol semejante. Pero todos estaban seguros de que Helgi lo había llevado hasta allí para plantarlo en la gruta.

Helgi, el silencioso Helgi.

Nives cogió un melocotón de piel aterciopelada y sonrió. En realidad, no importaba demasiado saber la verdadera historia del árbol. Estaba ahí, fuerte y vigoroso, y era el don más maravilloso que podía haber recibido el Reino de los Hielos Eternos.

4
Grandes preparativos en el castillo

Nives y Gunnar cuidaban de las flores del jardín, y probaban la fruta del Gran Árbol, imaginando las dulces sonrisas que provocarían en la corte de Arcándida las cestas llenas de flores y frutos.

Mientras, en el castillo se respiraba cierta agitación. La condesa Berglind les dijo a los criados que, al cabo de cuatro días, habría una fiesta en honor de la princesa, una gran fiesta para celebrar su compromiso. Dispuso que sacaran de los baúles la mejor vajilla y la cristalería más fina, con incrustaciones de oro. Se habían utilizado en la boda del Rey Sabio y la reina, y la condesa Berglind las llevó a Arcándida cuando ella y Nives se trasladaron.

Además, en el castillo estaban sucediendo otros episodios curiosos. Por ejemplo, ordenaron a las cocineras que preparasen un menú muy elaborado, y éstas tuvieron que abandonar su discusión sobre la tarta de pera o de manzana.

¿Qué ocurría? ¿Qué estaba tramando la condesa Berglind?

Olafur, eficiente mayordomo de la corte desde hacía muchos años, estaba muy ocupado. Era un hombre de mediana edad, aunque Erla, maliciosamente, decía que había nacido siendo de mediana edad. Su piel, muy pálida, encajaba con sus facciones angulosas y regulares. La única nota discordante era su calvicie, que intentaba ocultar sin éxito con un peinado «cortinilla».

Ahora andaba con paso rígido y veloz, dando órdenes a diestro y siniestro. ¿Por qué todo aquel esfuerzo? No lo sabía ni él. La condesa no le había dado muchas explicaciones y, tal como exigía la etiqueta, Olafur no las había pedido. A media mañana, puso al grupo de camareros pingüinos en fila, todos firmes, como un pequeño ejército uniformado.

En cambio, Arla y Erla, que eran muy fisgonas, no habían tenido ningún reparo en pedirle más explicaciones a la condesa.

—Una fiesta para celebrar su compromiso... No le va a gustar nada —comentó Arla, mientras pelaba una montaña de patatas, blandiendo el cuchillo en el aire para remarcar sus palabras—. ¿Te imaginas a Nives prometida?

—¡Chist! ¡Calla! —exclamó Erla, sin dejar de pelar un enorme pavo—. La condesa no quiere que se

hable del tema. Y nosotras, en teoría, no deberíamos saberlo.

—¡Qué pesada eres! ¡Si ya lo saben todos!

—Todos menos la princesa Nives.

—Ya, y no le va a gustar nada. Ella no tiene intención de echarse novio.

Al oír la última frase, Erla, con el pavo bien sujeto por las patas, se acercó a su hermana.

—Si no espabilas —le dijo—, vas a ser tú quien se quede sin novio. Y será en contra de tu voluntad.

—¡Mira quién habla! ¿O acaso sigues esperando que Olafur se digne a mirarte?

—¡Lo dices por envidia! —replicó Erla.

—Pío, pío, pío —se burló Arla, imitando los andares del pavo, con las manos bajo las axilas.

—¡Basta ya!

—Pío, pío, pío —repitieron a coro dos voces, desde el pasillo.

Las cocineras se callaron al instante, se miraron a los ojos y ahogaron una carcajada.

—Vaya par de traviesas —comentaron en voz baja.

Sin hacer ruido, Arla y Erla se apostaron a ambos

lados de la despensa, y, a una señal convenida, abrieron la puerta.

Entre gritos, aparecieron dos niñas.

—¡Socorro! —gritaron, divertidas, y huyeron rápidamente.

Talía y Tina eran las sobrinas de la condesa Berglind, las adoradas primas de Nives. Ambas eran muy guapas, y también indomables.

Talía, la menor, contaba unos seis años, y tenía el aspecto de una niña educada. Poseía un rostro vivaracho, salpicado de pecas, con unos labios tan perfectos que parecían dibujados. Llevaba el cabello castaño recogido en dos trenzas impecables, y sus vestidos eran muy elegantes. Pero, en realidad, Talía era la más salvaje, y expresaba su verdadera naturaleza a través de los gritos. Emitiendo un simple agudo, lograba que la oyesen de una ala a otra del castillo. El mayordomo Olafur afirmaba que, en más de una ocasión, la voz de la condesita había roto alguna de las valiosas piezas de la Sala de Cristal.

Tina, la mayor, había cumplido diez años hacía poco. Tenía el cabello rizado, y unos ojos grandes y profundos. Le encantaba esconderse, o, como ella prefería decir, mimetizarse, igual que los insectos y los reptiles. Por eso, en su tiempo libre, buscaba telas de colores para confundirse con tapicerías y muebles. Gracias a esta afición, muchas veces oía conversaciones que no habría debido oír, y contaba cosas que no habría debido contar.

Arla y Erla observaron a las niñas mientras desaparecían por el pasillo, e intercambiaron una mirada interrogativa.

—¿Crees que nos han oído? —preguntó una de las cocineras.

—No lo sé, pero da igual. De todas formas, la princesa Nives se enterará muy pronto.

—Y no le va a gustar.

—Pero no podrá hacer nada.

5

Seis cuervos rojos

Mientras realizaban los preparativos, la mañana transcurría frenética en el castillo de Arcándida. Ya faltaba poco para la hora del almuerzo, y la condesa Berglind vagaba por el gran salón como una alma en pena.

La aristócrata se debatía entre el sentido del deber, que la impulsaba a regañar a Nives por llegar una vez más tarde al almuerzo, y el sentimiento de culpa por haber preparado las invitaciones sin decirle nada, con el fin de obligarla a casarse.

Era un papel ingrato para una madre, y peor aún para una tía. Desde que el rey y la reina fallecieron, la condesa era la tutora de la joven princesa Nives, una tarea que a veces resultaba difícil.

La pobre mujer no dejaba de recorrer el salón de banquetes. Observaba la mesa de basalto negra, con su espléndido mantel bordado, el viejo reloj de piedra blanca, colocado entre dos amplios ventanales, y las magníficas cortinas de hilo de plata, que ocultaban la llanura que rodeaba el edificio.

Al cabo de tantos años, la condesa aún no se había acostumbrado a la genial arquitectura del castillo de Arcándida, única en su género. Las paredes de hielo, con adornos tan delicados que parecían esculpidos por un orfebre, creaban un contraste extraño, aunque muy armonioso, con los muebles de piedra, los espejos y las telas de hilo de plata, bronce y oro que colgaban de las ventanas. Los rayos de sol, al filtrarse a través de las paredes y los altísimos techos, creaban divertidos reflejos de luz, a veces arco iris imprevistos, mientras las sombras danzaban en el suelo.

La condesa Berglind contempló embelesada los movimientos de la luz, y suspiró, pensando en Nives. La había criado, le había hecho de madre desde que era pequeña, y se sentía muy unida a ella. Por un instante, lamentó tener que obligarla a casarse, pero lo hacía por su bien. Una vez más, agitó una mano ante su rostro para ahuyentar pensamientos desagradables, y recobró la serenidad.

Salió rápidamente del salón para dirigirse a la cocina, donde el almuerzo ya debía de estar listo.

O casi.

~*~

Había tarta de manzana y pera recién hecha, y, a juzgar por cómo la miraba el pequeño *Once*, el camarero pingüino más goloso de Arcándida, debía de estar muy rica.

—¡Ni se te ocurra, *Once*! —gritó Arla.

El pingüino retrocedió de inmediato, aunque se quedó esperando el primer plato que debía servir.

—Mucho cuidado con lo que haces, ¿está claro? —lo amenazó Erla.

Once siempre «probaba» algo de la bandeja que llevaba a la mesa. En más de una ocasión había estropeado los maravillosos platos de las cocineras.

—¿Las patatas ya están cocidas? —preguntó Erla.

En ese momento, un fuerte chasquido sobresaltó a ambas mujeres. Y, de repente, oyeron un batir de alas.

—¡Socorroooo! —chilló Erla, escondiéndose bajo la mesa.

—¡Aaaaah! —exclamó Arla, con las manos en la cabeza.

Seis cuervos rojos irrumpieron en la cocina; al batir sus alas, producían un ruido ensordecedor. El pingüino *Once* se quedó inmóvil junto a la puerta, petrificado de miedo. Los cuervos tiraron al suelo cuencos llenos de huevos, tarros de harina, manteles y cestas de verdura. Toda la cocina era un torbellino de hojas, semillas, polvo y plumas.

Un auténtico desastre.

—¡Ve a pedir ayuda, *Once*! —le suplicó Erla, desde su escondite—. ¡Date prisa!

El pingüino consiguió moverse y se dirigió hacia la puerta. La prisa entorpecía aún más su cómica forma de andar. Sus dedos palmeados golpeaban con esfuerzo el suelo, pues las numerosas alfombras del castillo impedían que mantuviera el equilibrio. ¡Ojalá hubiera podido correr sobre una pista de hielo!

Once caracoleó a derecha e izquierda, mientras se oían gritos y ruido de platos rotos procedentes de la cocina. Uno de los cuervos lo siguió, y luego desapareció en los pasillos de Arcándida. *Once* chocó con un mueble, rebotó contra una armadura, dobló una esquina a toda velocidad y... tropezó con la condesa Berglind.

—¿Q-qué pasa, *Once*? —preguntó, sorprendida y enfadada a un tiempo—. ¿Qué haces? ¿Y qué es ese ruido? ¡Olafur!

Cuando tenía problemas, la condesa llamaba a Olafur. Pero esta vez el mayordomo no apareció.

Once agitaba las aletas, desesperado, mientras intentaba explicarle a la condesa Berglind que unos cuervos rojos..., unos terribles cuervos rojos, habían asaltado la cocina de Arcándida. Como no podía hablar, intentó imitar el vuelo de los cuervos, se hinchó cuanto pudo y se le amorató el rostro. Batió sus aletas dirigiéndose a los objetos y muebles que lo rodeaban y, al fin, se elevó por los aires.

La anciana reflexionó un instante, y de pronto abrió mucho los ojos: ya comprendía lo ocurrido.

—¡Calengol! —gritó, mientras se recogía la falda y echaba a correr como una chiquilla—. ¡Sus cuervos!

Mientras, la cocina de Arcándida se transformó en un auténtico campo de batalla. Las dos cocineras, escondidas bajo la mesa, lanzaban todo tipo de objetos con la esperanza de derribar algún cuervo. Después, se volvieron más audaces, y lograron inmovilizar a uno de los pájaros con una escoba, pero, cuando ya creían tener la situación bajo control, entró por la ventana una nueva criatura.

Era Calengol, el enemigo más temible de Nives. Cuando el Rey Sabio derrotó y expulsó a Calengol del Gran Reino, éste prometió vengarse adueñándose del Reino de los Hielos Eternos. Ahora mantenía el equilibrio sobre el alféizar de la ventana y observaba la cocina. Era un ser repugnante, mitad gnomo mitad elfo, con grandes orejas puntiagudas y ojos pequeños y negros, sepultados bajo unas

cejas muy pobladas. Tenía una boca enorme y los dientes negros. No era alto ni robusto, sino ágil y rápido como una lagartija, y con su misma piel verdosa. Llevaba una casaca harapienta y un sombrero cónico de fieltro negro, torcido y estropeado.

—¡Arla! —gritó Erla cuando lo vio aparecer por la ventana.

—¡Erla! —gritó Arla, y liberó al cuervo rojo que había cogido con la escoba.

Al ver a Calengol, los pájaros graznaron de nuevo, inquietos. La monstruosa criatura saltó al suelo de la cocina, y de ahí a la mesa de los pasteles. Miró a su alrededor, satisfecho, tendió sus orejas puntiagudas y alzó una mano.

—Por ahora, será suficiente —les ordenó a los cuervos, con una voz estridente, similar a un graznido.

Los cuervos, obedientes, se posaron sobre una gran alacena de piedra, situada a la derecha de la ventana.

—¿Dónde está ella? —preguntó el monstruo, olfateando el aire con una mueca en los labios.

Las dos cocineras se apretaron una contra la otra, en posición de defensa, armadas con cucharones y rodillos.

—¡No está! ¡La princesa no está!

—¡No está en el castillo! Y, aunque estuviera aquí, tú no podrías verla. Antes, Gunnar te haría pedazos.

—¿Y esperáis que os crea? —espetó Calengol, con aire de superioridad, mientras un cuervo, que llevaba algo blanco en el pico, se posaba en su hombro—. Ya me voy, estúpidas, no os preocupéis —siguió, y abrió la boca, mostrando su negra dentadura—. Decidle que aún estoy muy... muy enfadado con ella. ¿Entendido? —Con un gesto, ordenó alzar el vuelo a los cuervos—. ¿Entendido, cocineras?

—Muy... enfadado... —repitió Erla, asintiendo.

—Ella es mía —mascculló Calengol—. ¡Siempre ha sido mía! Díselo también a tu jefa. Muy pronto, ella será mía, todo será mío.

En ese preciso instante, la gran puerta de la cocina se abrió, y entró la condesa Berglind, seguida del mayordomo Olafur.

A cierta distancia, los acompañaban dos lobos y el pingüino *Once*. El monstruo saltó a la ventana, dispuesto a marcharse. Debajo de él, había al menos cien metros de vacío.

Entonces agitó una mano en el aire y todos los cuervos se le acercaron, lo asieron con sus patas y lo transportaron volando. Calengol se alejó en dirección al sol, como si fuera una horrible marioneta suspendida en el aire, y, en pocos instantes, la luz pareció devorarlo.

6
Una amarga sorpresa

A su regreso del Gran Árbol, Nives galopaba serena, disfrutando de los reflejos de agua y hielo que tenía delante. Asida al lomo de Gunnar, dejaba que el animal corriese por ella. Sabía que llegaría un poco tarde al almuerzo, e imaginaba los reproches de su tía. Pero estaba convencida de que, gracias a las cestas de fruta, todo se resolvería con una sonrisa.

Al vislumbrar el castillo a lo lejos, admiró su magnífica perfección. Erigido sobre un promontorio, Arcándida dominaba la llanura con su imponente muralla.

Desde las terrazas almenadas, se distinguían la alta torre circular de la biblioteca, las ventanas de la cocina, que daban al acantilado, y los balcones de alabastro del Salón de Baile, en el lado del patio. Desde esos balcones se veía todo el Reino de los Hielos Eternos. Enfrente, estaban los pabellones de invitados, más bajos y sencillos, y el huerto, que también

daba al promontorio. Las paredes de hielo puro hacían brillar Arcándida como un valiosísimo diamante.

Nives no podía imaginar lo que iba a encontrarse al llegar. Pronunció el nombre del antiguo puente levadizo, Kiram, y éste, al reconocer su voz, bajó por sí solo hacia el Foso Turbulento. La princesa pasó bajo el rastrillo de la puerta y avanzó por el pasadizo de Fuerte Espuela. El puente se abría solo cada vez que alguien pronunciaba su nombre, como si Arcándida conservara un último vestigio de la magia que el padre de Nives había suprimido de todos los reinos.

En el patio interior no vio a nadie. El castillo parecía desierto; no había nadie en los establos, ni en la Entrada de Latón, ni en la amplia escalera de caracol, ni en el Salón de las Centellas.

No había una alma en la planta baja, ni en el primer piso. En todas las estancias reinaba un hondo silencio, propio de quien conoce un secreto y no puede revelarlo.

Algo turbada, Nives se apeó de Gunnar para dirigirse a los pisos superiores. Entonces oyó voces procedentes de la cocina. Comprendió que algo iba mal. Al subir la escalera, oyó sollozos, y a alguien que hablaba en tono atemorizado.

Soltó las cestas de fruta y echó a correr. Gunnar la siguió, y luego la precedió, atento y protector. Corrieron veloces por el pasillo de hielo. Cuadros en las paredes, sillones de piedra con cojines enfundados en ricas telas, cómodas de madera e inútiles armaduras de guerra los veían pasar, como espectadores de una competición.

Nives llegó a la cocina sin aliento.

—¿Q-qué o-ocurre? —balbució al entrar.

El espectáculo era peor de lo que esperaba. No había un solo plato o taza intactos, ni una olla en su sitio. La condesa Berglind, desesperada, procuraba consolar a Arla y a Erla, más desesperadas aún. En un rincón había dos lobos inmóviles, petrificados. El mayordomo Olafur intentaba calmar a *Once*, mientras el pobre pingüino batía las aletas sin cesar, asustado.

Tina y Talía lloraban y gemían, pegadas a las faldas de su tía.

—¡Oh, cielos! —exclamó la princesa.

—¡Nives! —dijo la condesa, alzando las manos—. ¡Por fin has llegado! ¿Estás bien?

—Yo estoy muy bien, pero ¿y vosotros? ¿Qué ha pasado?

Gunnar se acercó a los dos lobos, y, le bastó olfatearlos para comprenderlo todo.

—Ha sido Calengol —explicó la condesa Berglind, jadeando.

—¿Calengol? —preguntó Nives, asombrada—. ¡Imposible! ¿Cómo ha podido entrar ese monstruo en el castillo?

—Por la ventana —contestó Arla—. Ha llegado con sus cuervos rojos.

—Y lo han roto todo —prosiguió Erla, señalando cuanto la rodeaba con aire trágico—. ¡Todas mis ollas!

—¡Y mis platos! —añadió Arla.

—¡No os quejéis más! —intervino la condesa, más calmada—. Olafur, hay que limpiar todo esto. Arla y Erla, retiraos a vuestras habitaciones. Necesitáis descansar.

—¿Y el almuerzo? —preguntaron las cocineras.

—Comeremos lo que ha quedado —dijo la condesa. Luego se dirigió a su sobrina—: Y tú, querida, sígueme. Tengo que hablar contigo.

7
Una decisión impuesta

Nives siguió a la condesa Berglind hasta la torre de la biblioteca. El silencio que las acompañó pesaba como una losa. La preocupación de su tía no se debía únicamente a la visita de Calengol. Al cabo de tantos años, la conocía muy bien. Era como una madre para ella, algo severa a veces, pero siempre atenta y cariñosa. La condesa seguía absorta en sus pensamientos, y Nives intentó averiguar qué ocurría.

—¿Qué pretendía Calengol? —le preguntó, mientras recorrían los pasillos, en los que aún se oían ecos de pasos y movimientos.

Todos los mayordomos y guardias del castillo estaban al corriente del ataque, y tenían vigiladas todas las estancias de Arcándida.

—Quería asustarnos, querida. Ese monstruo nunca se rinde. Desde que el bosque donde vivía con su pueblo quedó destruido, durante la guerra entre tu padre y el Viejo Rey, Calengol ha dedicado su vida a la venganza. Pero aquí no ha asustado a nadie, excepto a Tina y Talía.

—Ya, pero esta vez ha logrado entrar en el castillo.

—La ventana de la cocina da directamente a la muralla —reflexionó su tía—. Tendremos que cerrarla de algún modo.

—Habrá dejado huellas de su paso...

—Nosotras no debemos ocuparnos de eso —dijo la condesa.

—Seguro que Gunnar encontrará a Calengol, ya lo verás —intentó tranquilizarla Nives.

—Hasta ahora, no lo ha conseguido —objetó su tía—, y no creo que lo logre en una tarde.

Llegaron a la torre. La condesa abrió las pesadas puertas de la biblioteca y entró en ella.

—¿Querías hablar conmigo de Calengol? —preguntó Nives, siguiéndola.

—No exactamente, mejor dicho, no sólo de... En cierto modo, también quiero hablarte de él.

De pronto, envuelto en la sombra de las estanterías, vieron a Haldorr, absorto en su lectura. Ni siquiera se había enterado del asalto a la cocina por parte de Calengol.

Dejó un libro plateado sobre una mesa redonda, e hizo una profunda reverencia.

—Mis respetos, condesa. Princesa Nives, es un placer veros por aquí.

—Hola, Haldorr —respondió la condesa.

Le contaron en pocas palabras lo ocurrido.

—Pero, en realidad —añadió la condesa, en tono misterioso—, estamos aquí por aquel asunto...

—Comprendo —asintió el bibliotecario, con aire grave.

—¿Puedes traerme la caja y dejarnos solas, por favor?

—Desde luego, condesa —repuso Haldorr—. Ahora mismo.

Dio media vuelta, y desapareció tras

una pequeña puerta, oculta entre las repisas de las paredes circulares de la biblioteca.

Nives guardó silencio. Tenía un mal presentimiento, y le dio un vuelco el corazón.

Su tía Berglind tampoco hablaba. Buscaba las palabras adecuadas para explicarle a Nives algo que no aceptaría fácilmente. Sabía muy bien que la princesa era una chica inteligente, y que lo entendería. Los años pasaban para todo el mundo, y había llegado el momento de afrontar las etapas normales de la vida, incluso las que suelen aplazarse. Nives necesitaba un príncipe.

La puerta situada tras las repisas de la librería se abrió, y apareció Haldorr con una caja en la mano. Era de madera oscura, con la tapa y los lados pintados de turquesa y rojo, unos colores tan fuertes que se veían desde lejos.

—Perdonad por la espera —se disculpó el bibliotecario—, pero no la encontraba.

Puso la caja sobre una mesita llena de libros, se despidió y desapareció entre las estanterías.

Nives y su tía se quedaron solas en la gran biblioteca. La condesa Berglind respiró hondo y abrió la caja.

Dentro había unas tarjetas hechas con hojas prensadas, aparentemente en blanco.

—Querida Nives —empezó la condesa—, he encargado estas invitaciones únicas para una ocasión especial...

Nives permanecía en silencio, ansiosa por conocer el motivo de tanto secretismo.

—Son invitaciones para una fiesta —prosiguió su tía—, escritas con una tinta que sólo se verá cuando la invitación llegue a manos del destinatario.

¡Una fiesta! Por un instante, Nives pensó que se había precipitado... ¿Toda aquella tensión por una fiesta?

—Los destinatarios de las invitaciones —continuó su tía, en tono solemne— son los príncipes más valientes y meritorios de los Cinco Reinos. Todos están invitados a la corte, para que puedan conocerte.

—¿Y por qué tienen que conocerme?

—Nives, regente del Reino de los Hielos Eternos, segunda hermana entre las Princesas del Reino de la Fantasía, descendiente directa del Rey Sabio, todos querrán conocerte para... ¡pedir tu mano!

Nives dejó de escucharla. Su mente voló a la grupa de Gunnar, y cabalgó por inmensas extensiones de nieve, hasta el mar, o el géiser, o la meseta, o, de nuevo, a través de la grieta en el hielo, hasta su querido Gran Árbol.

Allí se sentía libre, era simplemente Nives, y no una princesa, ni la regente de un reino o la novia de un príncipe. Allí sólo era Nives.

—¿Me estás escuchando, querida? —le preguntó su tía.

—Sí, tía, te escucho. Pero... estas invitaciones...

—¡Será maravilloso! —siguió la condesa—. Y estoy segura de que encontrarás un marido digno y admirable. Las focas mensajeras entregarán las invitaciones hoy mismo.

—Por favor, tía, no estoy preparada para esto. Y tú lo sabes.

Lo que Nives no sabía era que, esa vez, sus súplicas no servirían de nada: la condesa estaba decidida.

—Todo irá bien, ya lo verás —la consoló.

Quiso acariciar la cabeza de su sobrina, pero Nives se apartó, sin dejar de mirar la caja.

—Confía en mí —añadió su tía—. ¿Puedes hacerlo?

—Siempre he hecho lo que querías.

—Y esta vez ¿también lo harás?

—Si me lo pides, lo haré.

Nives mintió, pues lo único que deseaba era salir de aquella torre. Estaba triste. No podía creer que su tía hubiera preparado las invitaciones sin decírselo; se sentía traicionada y ofendida. Pidió permiso para retirarse a su dormitorio, y salió.

~*~

Gunnar recorrió el exterior de Arcándida y registró todos los rincones, pero no encontró las huellas que buscaba. Ni siquiera en la alta pared donde estaban las ventanas de la cocina. Parecía que Calengol la hubiera escalado volando.

«¿Los cuervos tienen fuerza suficiente para llevarlo tanto rato?», se preguntó el lobo.

Desde lo alto de los muros, observó el Foso Turbulento: era tan profundo que no se veía el fondo. A partir de cierta distancia, sólo se veía niebla. Si alguien caía allí dentro, no podía salir vivo. ¿Por qué Calengol había corrido un riesgo tan grande, colgado de las alas de los seis cuervos? ¿Con qué objetivo? ¿Sólo para asustar a los del castillo? Pues bien, lo había conseguido.

Una decisión impuesta

Calengol había atentado otras veces contra la vida de Nives, pero nunca había entrado en Arcándida. El castillo ya no era un lugar seguro, y eso preocupaba mucho a Gunnar.

Mientras terminaba su ronda, vio llegar un trineo de la corte, procedente del mar. Lo siguió con la mirada hasta el patio, y vio apearse al mayordomo Olafur.

Siguiendo las instrucciones que le había dado la condesa tras su conversación con Nives, Olafur había ido al puerto, a llevarles las invitaciones a las focas mensajeras. Pero, a juzgar por la expresión de su cara, las cosas no habían salido como esperaba.

—No he podido hacerlo —resumió, impasible, mientras subía a la biblioteca.

—¿Por qué? —le preguntó la condesa Berglind, que lo esperaba en lo alto de la escalera.

—Medusas, condesa —respondió el mayordomo, y le devolvió la caja de madera pintada—. El mar está infestado de medusas, y las focas no pueden nadar en esas condiciones.

—¡Oh! —exclamó la aristócrata—. ¿Me estás diciendo que cuatro medusas van a impedirnos celebrar la fiesta?

—No son simples medusas, son melenas de león árticas, casi tan grandes como osos.

—¿Y no se puede hacer nada? —insistió la condesa, sin dejarse impresionar.

—Me temo que no, condesa.

—¡Es una noticia terrible! ¡Terrible!

Sin embargo, no era terrible para todos. Tras las

amplias cortinas del salón de la planta baja, cerca de donde se hallaban la condesa y Haldorr, estaba Tina, concentrada en una de sus actividades miméticas. Cuando oyó que las invitaciones no habían salido, y que el plan había fracasado, intuyó que se trataba de una información importante y sintió una gran emoción.

Esperó a tener el campo libre, salió de su escondite y se dirigió a la habitación de Nives. Corrió por los pasillos a toda velocidad, sin encontrarse con nadie.

Llegó en un abrir y cerrar de ojos, y se detuvo ante la puerta semiabierta.

Nives, tendida en la cama, contemplaba ensimismada los reflejos que proyectaba el sol a través de las paredes de hielo. Soñaba que estaba lejos de allí, que se reunía con su familia perdida, y muchas otras cosas inimaginables.

Tina llamó.

—Adelante —dijo la joven, con voz indiferente.

—¡Tengo una gran noticia para ti! —exclamó la niña, triunfante.

—Creo que prefiero no oírla —repuso Nives, desanimada y aburrida—. Por hoy ya he tenido bastantes noticias.

—Pero ésta es la mejor, te lo juro —afirmó Tina, sin darse por vencida.

—Está bien, dímela —dijo la princesa, ocultando el rostro entre las manos.

—¡La fiesta no se hará! —anunció su prima, con orgullo.

—¿Y tú cómo lo sabes?

—He oído que la tía lo decía.

—¿Estás segura? Repíteme todo lo que has oído, ¡palabra por palabra!

—La tía ha dicho que el mar está lleno de melenas de león árticas. No, eso lo ha dicho Olafur. Y la tía ha dicho: «¡Oh!». Y Olafur ha dicho que las focas no podían nadar, porque esas medusas son muy grandes, enormes...

—¿Y las invitaciones?

—Todavía están aquí.

Nives suspiró hondo, y creyó que iba a hundirse en la cama.

—Gracias, Tina —le dijo a su prima, revolviéndole el pelo—. Tenías razón: es una gran noticia.

La niña rió.

—Nives...

—Dime.

—Talía dice que, cuando un príncipe venga aquí, tú tendrás que irte con él.

—No, Tina. Dile a Talía que se equivoca. No voy a ir a ninguna parte. Además, aquí no vendrá ningún príncipe.

«Al menos, así lo espero», pensó, y le dio un vuelco el corazón.

8
Una visita inesperada

Al día siguiente, todo parecía estar en suspenso.

La condesa Berglind esperaba a que las medusas melena de león abandonaran el Mar de las Travesías para poder entregar las invitaciones. En cambio, Nives no quería que las medusas se fueran.

La princesa le pidió a Haldorr un libro ilustrado, para distraerse y entretener a Talía y a Tina con historias de reinos lejanos, que inventaba observando las imágenes. Nives procuraba no pensar en las intenciones de su tía, y las horas transcurrían como si nada.

Por la noche, Tina y Talía escuchaban, absortas y en

silencio, el cuento de la Colina de los Espejos, la historia de una joven y hermosa princesa que no sabía cómo elegir marido.

—Por eso el rey, su padre, organizó una competición —relataba Nives—, y dispuso que el vencedor obtendría la mitad de su reino y la mano de su hija.

—¿Una competición? Qué romántico —suspiró Tina, apoyando el rostro en las palmas de las manos.

—Sí. Y no era una competición cualquiera.

—¿Ah, no? ¿Por qué? —preguntó Talía, con curiosidad—. ¿Qué tenían que hacer los pretendientes?

—La princesa estaba en la cima de una colina, con tres manzanas de oro en la mano —explicó Nives, señalando la imagen del libro—. Quien lograse coger las tres manzanas, sería el vencedor.

—No parece tan difícil —comentaron sus primas.

—Ya, pero es que la colina estaba hecha de espejos, y sus paredes resbalaban mucho.

—Oooh —exclamó Talía.

—El rey quiso hacer esa prueba —observó Tina—, porque sabía que sólo el más valiente llegaría a la cima.

—El más valiente... y ágil —añadió su hermana.

—Muchos fracasaron, y cayeron al suelo con sus caballos. Y los que intentaron acercarse a la princesa volando tampoco ganaron.

—¿Y quién ganó?

—Un chico a quien sus hermanos siempre le tomaban el pelo porque era muy prudente. Se presentó delante de la princesa con tres armaduras y tres grandes caballos.

—¿Y para qué quería tres armaduras y tres caballos? —preguntó Tina.

—Se dirigió a la colina de cristal con la primera armadura, que era de latón, y el primer caballo. Sólo subió un tercio del monte; luego decidió que era peligroso y dio marcha atrás. A la princesa le pareció un comportamiento insólito, se le cayó una manzana y rodó por su capa.

—¿Y luego? —preguntó Talía, ansiosa.

—Él se armó de valor y regresó a la colina con el segundo caballo, mayor que el primero, y con una armadura de plata. Subió dos tercios del monte y dio marcha atrás. La princesa se echó a reír y se le cayó la segunda manzana.

—¿Y luego? —insistieron Talía y Tina, impacientes.

—Al final, el joven se puso la tercera armadura, de oro puro, y, con el tercer caballo, el mayor de todos, se dirigió a la colina por última vez. Llegó a la cumbre sin esfuerzo, cogió la tercera manzana y, en ese momento...

En ese momento, alguien llamó a la puerta, y las chicas se sobresaltaron. Era Olafur.

—Princesa, la condesa quiere veros en el salón central.

—Un momento, Olafur.

—La condesa quiere veros inmediatamente en el salón central.

Nives suspiró. No tenía ganas de obedecer, ya que, últimamente, su tía sólo le había dado sorpresas desagradables. Sin embargo, no podía negarse.

—Gracias, Olafur. Dile que voy en seguida.

—Oh, no. ¡No vayas! —dijo Talía, casi gritando.

—Queremos saber cómo termina la historia —protestó Tina.

—¿No adivináis el final?

—No se casó con nadie —respondió Talía.

—Pero ¿qué dices? La princesa de la Colina de los Espejos se casó con el misterioso caballero y...

—... vivieron felices para siempre —terminaron a coro las niñas, riendo.

Aquella frase iba resonando en la mente de Nives mientras bajaba la escalera y llegaba hasta la puerta del salón central.

Su tía no estaba sola. La acompañaba un hombre alto y robusto, con el pelo corto, castaño, y los hombros muy anchos.

—¡Bienvenida, querida! —dijo su tía Berglind, al verla en la puerta—. ¡Adelante! ¡Ven aquí! Te presento al príncipe Herbert de Lom.

Nives se quedó inmóvil un largo instante, como una manecilla que se negara a avanzar en la esfera de un reloj. Luego, muy rígida, avanzó hacia el desconocido, que aún no se había vuelto hacia ella.

9
El príncipe Herbert de Lom

Herbert de Lom era uno de los doce príncipes invitados a la fiesta.

Había aparecido por sorpresa en el patio de Arcándida, envuelto en una capa de armiño blanco, y montado en un gran caballo negro. Ahora estaba allí, de pie, en el salón central, frente a la princesa Nives y su tía Berglind.

Llevaba en la mano una tarjeta hecha con hojas prensadas.

—Por lo que veo, príncipe —dijo la condesa—, habéis recibido mi invitación.

Aquello era muy raro, pues Olafur le había informado de que no había podido enviar ninguna invitación.

—Aquí está, condesa —repuso el príncipe, muy cortés, y le tendió la tarjeta con gesto resuelto.

Los labios delgados de la condesa se abrieron en una sonrisa complacida y serena. Cogió la invitación y no leyó nada: estaba en blanco.

—¡Oh, claro, qué tonta soy! —exclamó, y le devolvió la tarjeta—. Si sólo puede leerla él, su auténtico destinatario.

El príncipe sonrió, y buscó la mirada de Nives. Ésta le sonrió con cara de circunstancias.

Olafur tendría que explicar cómo y por qué le había llegado la invitación al príncipe.

En cualquier caso, tenían el deber de recibirlo con todos los honores que merecía un invitado importante.

—Es un verdadero placer teneros aquí, príncipe de Lom —afirmó la condesa, con alegría—. Mi sobrina y yo estaremos encantadas de que paséis la noche en Arcándida.

Hasta ese momento Nives había permanecido callada, y su tía la miró con aire imperioso para indicarle que se mostrara cortés.

—Os doy la bienvenida —dijo al fin la chica.

—Lamento comunicaros que, a causa de las pésimas condiciones del mar —añadió la condesa—, de momento nos hemos visto obligados a cancelar la fiesta.

—¡Qué lástima!

—Pues sí... —comentó la princesa Nives, fingiendo sentirse contrariada.

—Comprendo muy bien la situación. La suerte ha querido que yo, por casualidad, me encontrara a este lado del Mar de las Travesías. De todas formas, estaré encantado de volver aquí cuando se fije una nueva fecha.

La condesa empezó a recitar una serie de excusas de compromiso, y los dos jóvenes tuvieron tiempo de observarse con atención.

Aunque el príncipe ya había oído hablar de Nives, no pudo dejar de admirarla.

La princesa de Arcándida poseía una gran belleza, unida a un misterioso encanto antiguo, y Herbert halló irresistibles sus ojos glaciales, en los que se veía reflejado.

En cambio, Nives advirtió en él algo inalcanzable y amenazador. Su atractivo era innegable y tenía unos ojos sorprendentes, de un color indefinible, entre gris, azul y negro. Sin embargo, Nives lo mantuvo prudentemente a distancia. Además, estaba segura de que su tía no deseaba que eligiera al primer pretendiente, sobre todo cuando éste iba a marcharse a la mañana siguiente.

—¡Olafur! —llamó la condesa, chasqueando los dedos.

Cuando el mayordomo apareció en el salón, congeló una sonrisa y le ordenó:

—Olafur, acompaña al príncipe a su habitación, por favor.

—Como gustéis —aceptó Herbert, e inclinó la cabeza—. Os doy las gracias una vez más, condesa Berglind.

Besó la mano pequeña y regordeta de la condesa, después la mano delicada y esbelta de Nives, y siguió al mayordomo hasta el cuarto de invitados.

Nives se quedó inmóvil, mientras su tía Berglind se dejaba caer sobre el almohadón de un sofá de piedra de lava.

Gunnar observaba la escena desde una esquina del salón. Aquello no le gustaba nada. ¿Qué hacía aquel príncipe en el castillo? ¿Cómo había recibido la invitación? ¿Y cómo había logrado que el puente levadizo le dejara cruzar el foso?

Mil pensamientos acechaban su mente. Sacudió la cabeza con la esperanza de ahuyentarlos, pero las dudas persistieron.

~*~

Aquella noche sólo fue tranquila en apariencia. Nives tuvo sueños más agitados que de costumbre. Soñó que su padre le hablaba, y se despertó sobresaltada a

altas horas, con la sensación de que alguien la observaba mientras dormía.

Encendió la luz, pero no había nadie en el dormitorio. Extrañamente inquieta, dejó la lámpara encendida mucho rato, y le costó volver a dormirse.

En la habitación de invitados, el príncipe Herbert tampoco dormía. Estaba sentado en la cama, completamente vestido, y sostenía en la palma de la mano un insecto muy raro, un coleóptero de caparazón azul que acababa de posarse en su mano.

El hombre observaba al insecto con la intensidad de un estudioso, o como si quisiera hablarle. La escena se prolongó unos minutos; después el príncipe se puso el pijama, apagó la luz y se durmió.

Dos pisos más arriba, la condesa Berglind sudaba, aplastada por las enormes almohadas de su cama, y por una sábana que, en su sueño, pesaba muchísimo. Soñaba que su adorada sobrina vivía serena y feliz junto a un hombre que la protegía y cuidaba. ¿Sería el atractivo y misterioso príncipe Herbert de Lom ese hombre?

El príncipe Herbert de Lom

Cerca del dormitorio de la condesa, el mayordomo Olafur roncaba muy fuerte, a pesar de tener un sueño muy ligero, pues acostumbraba a despertarse al menor ruido.

En la habitación de las niñas, reinaba un silencio tranquilo y sereno. Tina y Talía se habían dormido cogidas de la mano, como ocurría muchas veces.

Una sola figura vagaba misteriosamente por el castillo. Su sombra se deslizaba en la oscuridad, moviéndose sin cesar.

Era Gunnar. Recorría los pasillos insomne, desvelado por oscuros pensamientos. La llegada del príncipe

desconocido lo inquietaba mucho, y decidió ir a ver al único que podía ayudarlo a aclarar el enigma de aquella visita: Haldorr.

Gunnar llegó a la biblioteca, a la pequeña estancia donde Haldorr solía descansar. El bibliotecario había contado las invitaciones una y otra vez, y en la caja había once tarjetas.

—Once —dijo, rascándose el cabello gris—. No lo entiendo, Gunnar: en esta caja había doce invitaciones, las escribí yo mismo, con la condesa. Y ahora sólo hay once.

En el suelo, a sus pies, estaba la caja, pintada de rojo y turquesa, que contenía las invitaciones a la fiesta. Y sólo faltaba una: la tarjeta de Herbert de Lom.

Así pues, el príncipe no había mentido: era cierto que había recibido la invitación. Pero ninguna persona del castillo se la había enviado.

Antes de acostarse, el bibliotecario pensó que debía decírselo a la condesa. Con todo, no se sentía demasiado preocupado, pues ignoraba que, a la mañana siguiente, le aguardaban más sorpresas.

10
La tormenta de nieve

Fue una noche larga y extraña.

Al amanecer, el cielo estaba oscuro, cubierto de nubes. En lugar del espléndido sol del día anterior, el tiempo amenazaba tormenta. A la hora del desayuno, un viento gélido silbaba entre las almenas del castillo de Arcándida, y, poco después, empezó a nevar.

Ya estaban en primavera, y, en el Reino de los Hielos Eternos, no solía nevar en esa época del año.

—Es muy raro —comentó Haldorr, observando la fuerte nevada desde la ventana. Y, mientras los contemplaba, el cielo gris se volvió más oscuro y la nieve, más densa.

El bibliotecario, tras reflexionar unos instantes, cogió la lámpara de aceite y se dirigió a la escalera central de la biblioteca. Subió hasta el séptimo piso de la librería de la torre y, al llegar a lo más alto, torció a la derecha, muy resuelto. Dio unos pasos y se detuvo frente a una placa metálica, en la que podía leerse:

INFORMACIONES Y ANALES SOBRE
EL CLIMA DEL GRAN REINO

Era una sección especial donde se guardaban muchos volúmenes con anotaciones sobre el tiempo, las precipitaciones y las temperaturas del Gran Reino, en los que se habían registrado todas las variaciones, por mínimas que fuesen. Dejó la lámpara y, entre los tomos alineados, eligió uno, titulado *Cronología razonada de las primaveras del Gran Reino*.

«Ya decía yo... una tormenta en esta estación no es normal», pensó, mientras consultaba las listas y datos que habían anotado sus predecesores.

Hacía siglos que no se producía una tormenta semejante a principios de la primavera.

Haldorr se acarició la barbilla mientras decidía qué

iba a hacer. De pronto, cerró el libro y se lo colocó bajo el brazo. Resolvió no hablar del tema con nadie hasta que no se hubiera documentado bien. No quería generar preocupaciones inútiles.

Según se decía, mucho tiempo atrás los brujos del desierto tenían el poder de controlar las nubes. Pero, desde que el Rey Sabio había eliminado la magia de los Cinco Reinos, ya no se hablaba de aquellos hechizos.

«Es una tormenta insólita, pero eso no significa que sea mala», se dijo Haldorr.

~*~

Cuando la princesa Nives abrió las cortinas, no podía creer lo que veían sus ojos. Tuvo que mirar dos veces para convencerse de que era cierto.

—¡¿Nieve?! —exclamó—. ¿Cómo es posible?

De repente, la puerta de su habitación se abrió de par en par.

—¿Has visto? —chilló la voz aguda de Talía—. ¡Es fantástico! ¡Nieve en primavera!

—¿Y eso te alegra?

—Claro. Podremos salir a jugar.

—Pero, es primavera... No debería nevar.

—Bueno, el caso es que hay nieve —replicó la niña—. Podemos disfrutarla mientras dure.

Cogió a Nives de la mano, y tiró de ella para hacerla salir de la habitación.

—¡Despacio! Deja que me vista. ¿Dónde está tu hermana Tina?

—Está en nuestro cuarto, se ha quedado petrificada mirando por la ventana. A ella no le gusta la nieve. Y a la tía tampoco. Ha empezado a protestar porque Olafur ya le ha guardado la ropa de invierno.

Nives sonrió, imaginando la escena. Era evidente que aquella nevada imprevista sólo alegraba a Talía.

Sin embargo, Nives se equivocaba. En Arcándida había otra persona encantada de asistir a aquel insólito espectáculo.

Y esa persona era el príncipe Herbert.

~*~

—Buenos días, príncipe Herbert —dijo la condesa, en la gran Sala de Ámbar, situada en el primer piso.

Era un amplio salón, con una gran mesa en el centro y sillas de altos respaldos. Las paredes de hielo, decoradas con motivos florales, se conjuntaban con el suelo, en el que había incrustadas piedras de ámbar en forma de tulipán. La condesa Berglind había dispuesto que, en cada salón de Arcándida, predominara un color distinto, para que así resultase más fácil identificarlos, y también para animar el ambiente glacial del castillo.

Herbert había dormido bien, y su despertar fue aún más agradable. Contempló la mesa de desayuno que tenía frente a él, y sonrió al constatar la exquisita hospitalidad de la condesa. Habló con tono seguro, pues se hallaba muy a gusto en el castillo, y se alegraba de que su estancia fuera a prolongarse debido a la tormenta de nieve.

—Buenos días, condesa Berglind. He dormido divinamente, gracias —contestó, realizando un perfecto besamanos—. Y seguro que vos también, porque os veo radiante esta mañana.

—Oh, príncipe, me halagáis —repuso ella, con coquetería—. A mi edad, una ya no está acostumbrada a los cumplidos.

En ese momento, entraron Talía y Nives. Ambas se asombraron al ver que había tanta confianza entre su tía y el príncipe.

—Buenos días, tía, buenos días, príncipe —dijo Nives, muy rígida.

—Buenos días, princesa —respondió él, con una estudiada sonrisa—. Y, por favor, llamadme Herbert. —Entonces vio a la niña, y añadió—: Y tú, pequeña, ¿quién eres?

—Es Talía, mi prima —contestó Nives, en tono seco.

—Queridas, venid —dijo la condesa Berglind—, el desayuno está listo.

Los cuatro se sentaron alrededor de la gran mesa.

En el centro había dos maravillosos candelabros, cuyas bases eran dos ocas entrelazadas, y, alrededor, varias bandejas con pasteles de distintos tamaños. Los comensales se sirvieron sin hablar, fingiendo que no veían la luz blanquecina que se filtraba por las ventanas y las paredes.

—Esta fruta es deliciosa —comentó el príncipe, tras probar un melocotón blanco y jugoso—. No he visto árboles en Arcándida. ¿La traen por mar?

—No exactamente —respondió Nives, en voz baja.

—¿Es de Arcándida?

—Sí.

—¿Y dónde la cogéis? ¿De debajo del hielo?

—En Arcándida no hay árboles —intervino la condesa—. Sólo tenemos un pequeño huerto y el establo para los animales. En realidad, en el reino no quedan árboles desde que se quemó el Bosque Fulminado. Mejor dicho, sólo hay uno: el Gran Árbol.

—¿Y es un melocotonero? —inquirió el príncipe.

—No —respondió la condesa—. Las cerezas también son de ese árbol...

—¿Cómo? Un solo árbol no puede dar frutos distintos.

—Éste sí —afirmó ingenuamente Talía—. El Gran Árbol puede dar todos los frutos del mundo.

Nives le lanzó una mirada de alarma. El Gran Árbol era una de las cosas más valiosas del reino, y no quería que un desconocido estuviera tan bien informado.

Herbert se dio cuenta, y por eso se mostró halagador:

—Imagino que lo cuidáis vos, Nives. La fruta está muy rica.

Nives se sentía cada vez más perpleja. ¿A qué se debía tanta amabilidad?

—Os equivocáis —repuso—. Se encarga de ello nuestro jardinero Helgi.

—¿Helgi?

—Sí, es muy competente —añadió la condesa—. Más tarde, Nives puede acompañaros a visitar el árbol.

Su sobrina estaba furiosa. El Gran Árbol era su árbol; muy pocos conocían su existencia. No pensaba enseñárselo a nadie, y señaló con la cabeza la ventana, por donde se veía la tormenta.

—Tía, está nevando muy fuerte, no me parece buena idea.

—La princesa tiene razón —intervino Herbert, complaciente.

La condesa asintió, azorada. Había olvidado por completo la nieve.

—Es verdad —admitió—, hoy no se puede salir.

—Eso parece —comentó el príncipe, esperando algo que, inevitablemente, iba a ocurrir.

—Príncipe Herbert —empezó la condesa, rompiendo el monótono entrechocar de cubiertos y pla-

tos—, ¿os quedaréis en Arcándida hasta que pase la tormenta?

—Si vos me lo permitís, me quedaré encantado. Muchas gracias.

Se apoyó en el respaldo de la silla y miró a las tres mujeres que lo rodeaban.

Lo había conseguido.

11
Un inicio difícil

Con el príncipe Herbert en el castillo, todo cambió para Nives. Se veía obligada a hacerle compañía, a entretenerlo con historias del reino, desvelándole sus tradiciones. Le explicó que su padre, el Rey Sabio, tras luchar contra el Viejo Rey, había conquistado el territorio y lo había dividido en cinco reinos. Le habló de la desaparición de la magia, demasiado peligrosa para dejarla al alcance de cualquiera. La joven relató sin entusiasmo historias que, según creía, debían de ser conocidas en los cinco reinos, aunque el príncipe Herbert parecía ignorarlas. O quizá fingía ignorarlas para complacer a Nives.

—¿Es que no conocéis estas historias? —preguntó Nives—. ¿En vuestra tierra nadie habla de estos hechos?

—La Tierra de Lom está en la frontera de los Cinco Reinos, y las noticias siempre nos llegan con mucho retraso. Para mí es un placer oír lo que me contáis. Seguid, por favor.

Tía Berglind le había pedido a Nives que le hiciera de guía al príncipe por las estancias del castillo, y, lamentablemente, la joven no pudo negarse.

Lo que más fascinó a Herbert fueron las paredes de hielo.

—Nunca había visto nada parecido —dijo, rozando con la mano la gélida pared de uno de los pasillos—. Es asombroso que este hielo proteja del frío en vez de transmitirlo.

—Es hielo eterno —explicó Nives—, extraído de los glaciares de este reino. Debe permanecer aquí, porque, si alguien se lo llevara, se fundiría como el hielo normal.

—Es algo extraordinario.

—Por eso, al tocarlo —prosiguió Nives, deslizando sus largos dedos por la pared—, se siente un ligero escalofrío, pero su consistencia... —la joven contuvo el aliento al ver la mano del príncipe en la pared, a poca distancia de la suya— es similar a la del cristal.

Avanzaron en silencio por los altos e interminables pasillos de Arcándida. De vez en cuando, Nives respondía a las preguntas que le hacía Herbert sobre ciertos objetos, o retratos, o sobre las esculturas de cobre de los pisos inferiores. Le enseñó la caja con su colección de pétalos secos, y, más tarde, a petición del príncipe, se detuvieron a observar los animales disecados, que custodiaban antiguas colecciones de armas.

—Creo que, antes del incendio, estos animales vivían en el bosque.

—¿A vuestro padre le gustaba cazar?

—Creo que no. Bueno... No lo sé —dijo Nives, mordiéndose el labio—. No lo conocí lo suficiente.

—¿Y a vos os gusta cazar?

—¡Oh, no!

—Ya lo imaginaba —comentó el príncipe, sonriendo.

Nives también sonrió. Conforme iban transcurriendo las horas, tuvo que admitir que el príncipe Herbert poseía una buena dosis de inteligencia, y que siempre sabía qué responder. Casi empezaba a resultarle simpático.

—Os habrá sido difícil reinar sola en estas tierras salvajes —observó Herbert—. Os comprendo muy bien, porque yo también perdí a mis padres.

Nives se detuvo en un peldaño de la escalera que estaban subiendo. Nadie le hablaba de sus padres, probablemente para no entristecerla. Incluso su tía evitaba el tema. Y ahora no sabía cómo reaccionar.

—En realidad, nunca he reinado sola. Tengo a mi tía, a Haldorr y a Helgi, al personal de servicio, a Olafur... y a mis dos primas.

—¿Tenéis otra prima?

—Se llama Tina, es la hermana mayor de Talía. Y luego está Gunnar.

—El lobo —dijo Herbert, y se puso rígido.

—Sí... el lobo —repitió Nives, sonriente.

—Un animal muy inteligente.

—Más de lo que imagináis. Gunnar es como un hermano mayor para mí.

—Veo que estáis muy unida a él.

—Oh, sí —repuso Nives, convencida—. Mucho.

—¿Qué os parece si continuamos con nuestra visita? —propuso Herbert, señalando el final de la escalera.

—Perfecto.

En lo alto de la escalera se hallaba uno de los accesos que conducían a la torre de la biblioteca. Cuando entraron, el príncipe se quedó boquiabierto. Incluso Nives, pese a estar acostumbrada, cada vez que contemplaba aquel pozo hondo, tapizado de viejos libros, se sentía fascinada, atraída por el olor de las páginas amarillentas, de los pergaminos, y también de las encuadernaciones de piel reluciente.

Las miradas de los dos jóvenes se perdieron entre las estanterías.

—¿Cuántas palabras habrá en una cantidad tan enorme de libros? —preguntó Herbert—. Pensad, Nives, en todo lo que descubriríamos si tuviésemos tiempo de leerlos todos. Pero me temo que, aunque nos pasáramos la vida encerrados aquí dentro, mientras la tormenta sigue cayendo, sólo llegaríamos a leer una pequeña parte de estos libros.

—Quizá no. Tal vez Haldorr haya leído todos los que hay aquí.

—No lo creo, princesa. La vida es demasiado breve para poder hacer todo lo que uno quiere.

—Es cierto, Herbert.

Era la primera vez que lo llamaba por su nombre. Él se dio cuenta, y pensó que, poco a poco, acabaría conquistando el corazón de la gélida muchacha.

12

Una pesadilla

Nives corría y corría, sin detenerse. Nevaba intensamente y soplaba un viento helado. Le dolían las piernas, las manos y los pies. Sentía frío en todo el cuerpo, un frío que nunca antes había sentido, puesto que estaba acostumbrada a las recias temperaturas del Reino de los Hielos Eternos.

Al fin se detuvo, exhausta, y miró en derredor: no había nada. Sólo viento, nieve y frío. Se había perdido. De pronto, vio una figura a lo lejos. Parecía un hombre a caballo. Un caballo oscuro y fuerte. Según se acercaba, Nives reconoció los rasgos del príncipe Herbert. Llegó junto a ella, desmontó y la envolvió en una capa de piel. Nives montó con él y partieron al galope bajo la tormenta. Cabalgaron durante un largo rato, hasta que alcanzaron la entrada de una cueva.

—¡Estamos en el Gran Árbol! —exclamó Nives—. ¿Cómo es posible que conozcáis el camino?

—Me lo indicasteis vos, ¿no os acordáis?

—No... Además, yo nunca hablo de esto con nadie. Éste es un lugar secreto.

—Nives, querida, entre marido y mujer no hay secretos.

—¿Cómo? ¿Marido y mujer? ¡Nosotros no estamos casados!

—Sí lo estamos. ¿No lo recordáis?

Nives desmontó y entró en la gruta. Dentro estaba muy oscuro.

—¿Qué pasa aquí? —preguntó en voz alta.

En la oscuridad apareció una luz, y fue acercándose. Era Helgi, el jardinero, más delgado y con la mirada perdida.

—¡Helgi, eres tú! ¿Qué ocurre?

Helgi no contestó. Se limitó a iluminar una parte del Gran Árbol.

Una pesadilla

Nives abrió mucho los ojos. El árbol, su adorado árbol, estaba completamente seco.

Las ramas no eran más que cepas retorcidas y marchitas. El tronco tenía varias hendiduras, como si lo hubiese devorado una enfermedad. Herido y curvado, parecía un cuerpo sin vida.

La princesa se echó al suelo, llorando, se abrazó a una gruesa raíz y chilló de dolor. La capa de piel que vestía comenzó a pesar cada vez más, hasta que le impidió moverse. Se convirtió en una losa insoportable, se calentó y empezó a quemar.

—¡Helgi, socorro! —gritó Nives, en la oscuridad de la caverna—. ¡Quítame la capa! ¡Quema, quema!

Alguien le sacudió el brazo. La princesa abrió los ojos, y, en la penumbra del dormitorio, entrevió el hocico de un lobo.

—¿Gunnar? ¿Qué...? —balbució la joven, sin entender nada.

Después, lentamente, fue reconociendo los objetos de la habitación y comprendió que estaba en Arcándida, en su cuarto.

—Ha sido una pesadilla, una horrible pesadilla. ¡Oh, Gunnar! —exclamó al fin, rodeándole el cuello con los brazos y apretándolo fuerte. El lobo cerró los ojos y le lamió dulcemente las manos.

~*~

A la mañana siguiente, la tormenta ya había pasado, aunque el cielo seguía oscuro y amenazante y la temperatura era muy baja.

Tras la inquietante noche, Nives estaba agotada. La imagen del tronco seco del Gran Árbol se había grabado en su mente y no podía borrarla.

—¿Nives? —la llamó una voz familiar desde la puerta.

Era su prima Talía. La niña iba a menudo a despertarla. Normalmente, le gustaba que lo hiciera, pero aquella mañana la princesa tenía ganas de estar sola.

—¿Has visto? —dijo la pequeña—. La tormenta ha pasado.

—Ya.

—¿Hoy puedo ir yo también al Gran Árbol?

—Oh, no. Hoy no creo que vaya.

—Pero la tía ha dicho que...

—Ya sé lo que ha dicho la tía, ¡y no me interesa!

Talía calló, se sentía muy decepcionada. Y Nives todavía lo estaba más, y, por si fuera poco, también estaba preocupada. Lo último que le apetecía era acompañar a Herbert al Gran Árbol. Intentó explicárselo a Talía, y luego a su tía Berglind en el salón del desayuno, pero fue inútil.

—Nives, no puedes negarte —respondió su tía—. Es nuestro querido invitado.

«Invitado sí, pero no querido, no para mí», pensó Nives, sin decirlo abiertamente.

A regañadientes, la joven volvió a su cuarto, eligió un bonito vestido, tal como le había sugerido su tía, y pidió ayuda a sus primas para arreglarse.

El vestido era azul claro, de seda gruesa. Encima llevaba un corpiño más oscuro, atado con cintas de seda plateada, que ceñía su cuerpo delgado y esbelto. Las mangas caían suavemente, y le cubrían media mano.

—Estás guapísima —comentó Talía al ver el efecto final.

—¿Te arreglo el pelo? —preguntó Tina.

—Sí, gracias.

Tina abrió un cajón, extrajo un cepillo de hueso con el mango de plata y empezó a peinar la melena rubia y suave de Nives, que estaba sentada en un taburete. Le encantaba que le cepillaran el pelo, pero, desde la muerte de su madre, sólo Tina lo hacía de vez en cuando.

~*~

Herbert la esperaba en la entrada del castillo, bajo una inmensa lámpara de hierro en forma de doble corona. En el círculo superior había largas velas blancas, unas más consumidas que otras. Una cadena muy pesada, que colgaba del eje de la lámpara, permitía bajarla para encender las velas.

Herbert andaba arriba y abajo, observando con avidez cada detalle, como si quisiera inspeccionar todo cuanto había en el castillo.

Oyó unos pasos en la escalera, situada a su espalda, y se detuvo, convencido de que era Nives. Al volverse, vio que era Gunnar, el gran lobo blanco.

—Ah, eres tú —dijo el príncipe.

El lobo observó a Herbert e inclinó rígidamente la cabeza en señal de respeto. A continuación, se sentó a esperar en el suelo, sin volver a mirar al príncipe.

—Eres un fiel servidor, lobo. Y, según me han dicho, también eres un hábil guerrero.

Gunnar alzó las orejas y movió sus ojos de hielo, buscando la mirada del príncipe.

—Ahora que estoy yo —prosiguió Herbert—, ya no debes preocuparte. Podrás disfrutar más de tu tiempo libre.

Gunnar lo miró fijamente. Tensó su fuerte musculatura y mostró imperceptiblemente los dientes.

—¿Me estás gruñendo, bestia? —preguntó Herbert, dando un paso atrás.

En ese momento, Nives bajó por la escalera, bella y

etérea. Su rostro carecía de expresión, pero estaba lista para marcharse.

La pequeña expedición cruzó el patio del castillo. Gunnar encabezaba la marcha, y la grava crujía bajo sus patas. Nives y Herbert lo seguían a escasos pasos de distancia. Cerraba la fila otro lobo blanco cuyo hocico estaba surcado por una profunda cicatriz.

Una pesadilla

Al llegar al puente levadizo, Nives le tendió un pañuelo al príncipe.

—Tened la amabilidad de vendaros los ojos, príncipe Herbert.

—¿Cómo? ¿No confiáis en mí? —preguntó él, fingiendo mayor asombro del que sentía.

—No se trata de confianza, príncipe, sino de reglas —explicó la princesa—. El árbol es sagrado para el reino, porque es la única planta que tenemos.

—Y no queréis arriesgaros a que alguien lo estropee o lo robe.

—Celebro que lo entendáis —repuso la joven, y le tendió de nuevo el pañuelo.

El príncipe lo cogió y miró a su alrededor. La llanura estaba cubierta de una fina capa de nieve reciente. Se encogió de hombros y silbó para llamar a su caballo negro.

—Lo siento —intervino Nives—, pero tendréis que dejar vuestro caballo en el castillo.

—¡Nunca viajo sin mi caballo! —replicó Herbert, contrariado, y señaló la enorme llanura blanca que se extendía ante ellos, con el mar de color metalizado a un lado y las montañas al otro—. ¿Me estáis diciendo que debemos seguir a pie?

Nives se puso rígida, y, al mismo tiempo, encontró divertido ver a Herbert tan desorientado.

—En realidad —contestó—, esperaba que os conformarais con un lobo.

Entonces dirigió a Gunnar una mirada cómplice, señaló al otro lobo blanco y aguardó, inmóvil, la reacción del príncipe.

Herbert miró largamente y en silencio al lobo blanco. Después sonrió, y dijo:

—Está bien, haré lo que decís.

—Perfecto —asintió Nives.

—Sólo que... —objetó Herbert, señalando al lobo de la cicatriz— no tengo ni idea de cómo subirme a un lobo.

—No es difícil. Simplemente, ceñid vuestros brazos alrededor de su cuello y dejaos llevar.

El lobo blanco se sentó a los pies del príncipe, y éste lo observó, vacilante.

—Ceñir los brazos alrededor de su cuello...

Al verlo tan torpe, Nives no pudo evitar sonreír. La muchacha se acercó a Gunnar, y saltó con seguridad sobre su lomo. Luego comprobó si el príncipe Herbert había logrado hacer lo mismo con su montura.

—No olvidéis la venda, príncipe.

—No la olvido.

Y al fin salieron.

Los lobos corrían veloces. Gunnar iba primero, con Nives sobre su lomo; el segundo lobo iba unos pasos por detrás, con el príncipe vendado.

Pasaron cerca de uno de los glaciares del reino, que se extendía hasta el mar. Siguieron avanzando a la carrera y, al cabo de unas horas, llegaron a su destino.

A lo largo de los años, el Gran Árbol siempre había sorprendido a los pocos visitantes que tuvieron el honor de contemplarlo en el Jardín de Invierno. Lo mismo le ocurrió al príncipe Herbert, quien se quedó fascinado tras quitarse la venda.

Jamás había visto algo parecido. Observó los frutos, distintos en cada rama, el césped que cubría el suelo de la gruta y la capa de hiedra que crecía en las paredes. Había una gran mezcla de flores grandes y pequeñas, blancas y de colores.

—¡Es una maravilla! —exclamó Herbert—. ¿Quién se ocupa de todo esto?

El jardín que rodeaba el árbol estaba muy cuidado.

Pequeños canales de agua clara irrigaban la hierba, y se habían colocado varios trozos de corteza para proteger las flores que crecían. No había frutos caídos en el suelo, y los que crecían en las ramas mostraban el punto justo de madurez.

—Nuestro jardinero, Helgi —contestó Nives.

—¿Y está hoy aquí?

—No lo sé —repuso ella, imprecisa.

En realidad, estaba segura de que, en ese momento, Helgi los estaría observando, oculto detrás de alguna roca. Pero, conociendo su carácter esquivo y solitario, seguro que no iba a salir de su escondite.

A pesar de todo, el árbol había producido el acostumbrado efecto en la princesa. Como por arte de magia, Nives parecía más relajada e indulgente. Le hizo una seña a Gunnar; el lobo aferró con los dientes el asa de una cesta grande y entonces se aproximó al árbol.

—Voy a coger un poco de fruta para llevarla a Arcándida —le dijo Nives a Herbert—. A mi tía y a mis primas les gustará.

—Permitidme que os ayude —se ofreció el príncipe, y cogió las manzanas más altas.

Gunnar estaba disgustado. Observó la escena, y sólo se le escapó un leve gruñido que nadie oyó. El lobo blanco sabía distinguir el carácter de las personas por su olor, y le pareció muy sospechoso constatar que Herbert no olía a nada.

Además, percibió algo misterioso en el príncipe, algo que no tenía nada que ver con su instinto y que no lograba explicarse.

—Creo que ya tenemos suficientes —dijo Nives, satisfecha al ver la cesta llena—. Dos de éstas y ya está.

Las dos últimas cerezas le resbalaron de la mano y se le metieron dentro de la manga del vestido. Las cosquillas la hicieron reír, y, al agitarse, los dos pequeños frutos cayeron al suelo.

Herbert recogió las cerezas y las puso con delicadeza en la mano de Nives, buscando la mirada de la joven. Los ojos de la princesa se perdieron en el azul grisáceo y cambiante de los ojos del príncipe, y quedó como hipnotizada ante la intensidad de su mirada.

—No tengo palabras para describir vuestra magia cuando sonreís —dijo Herbert, acariciándole la mano.

La muchacha se sonrojó, incapaz de responder. Sentía que le ardía la piel, como si estuviera cerca del fuego.

13

Pasos en la noche

Al día siguiente, una densa niebla enturbiaba el amanecer. De vez en cuando, el viento levantaba remolinos de nieve, y los densos copos ocultaban el paisaje. El tiempo parecía haberse detenido, como si el castillo estuviera aislado del resto del mundo.

En Arcándida, todo había quedado en suspenso. La pesadez del aire se extendió a los habitantes del castillo, y todos se sentían cansados, sin ganas de hacer nada. De día, la corte funcionaba mecánicamente, repitiendo los actos de siempre. Sin embargo, las noches eran más movidas, y ocurrían hechos extraños.

—Te digo que esta noche he oído pasos —dijo Arla, apoyada en el quicio de la puerta de la cocina.

—Habrán sido los tuyos, hermana —repuso Erla con sarcasmo, pues, desde hacía años, su hermana sonámbula la despertaba con frecuencia—. Cuando andas en sueños, me recuerdas a un paquidermo.

—¡Yo no ando en sueños! —replicó Arla, ofendida.

—¿Ah, no? ¿Y por qué crees que salí al patio a buscarte la otra noche? ¡Tuve que bajar tres pisos!

—Te estás burlando de mí. Y te aprovechas porque... no recuerdo lo que hago por la noche.

—Exacto, no te acuerdas —dijo Erla, y puso los brazos en jarra, como siempre hacía cuando regañaba a Arla—. O sea que... basta de tonterías, ¿entendido?

—¡Te digo que he oído pasos!

—Muy bien. Si eso es cierto, sería la primera vez que te acuerdas de algo que has hecho por la noche.

—¿Por qué discutís? —las interrumpió una voz.

Las dos cocineras se volvieron: era Olafur, con su impecable uniforme negro, por el que asomaba el cuello almidonado de una camisa blanca.

Hubo un tiempo en que Erla encontraba fascinante al mayordomo. Quizá la atrajo su delgadez, o su predisposición al orden y la disciplina. Pero la cosa naufragó antes de empezar, cuando Olafur, sin calibrar el peso de sus palabras, declaró que era alérgico a las flores. Si había algo a lo que Erla no podía renunciar era a las flores. En cambio, el pobre Olafur, en cuanto se acercaba un pétalo a la nariz, empezaba a estornudar. De modo que Erla había cambiado de opinión, o, al menos, ésa era la explicación que le había dado a su hermana.

Arla, por su parte, siempre había considerado al mayordomo un hombre mortalmente aburrido. Nunca había intentado caerle bien, sino que se limitaba a ser cortés con él.

—Ah, Olafur, buenos días —dijo Arla—. No discutimos por nada en especial.

—Sólo porque hay alguien que recorre el castillo de noche —aclaró Erla—. Por favor, Olafur, dile que sólo son imaginaciones suyas.

—Y tú ¿cómo lo sabes? —preguntó el mayordomo.

—¡Mi hermana es sonámbula!

—Lo que quiero decir es que... ¿cómo sabe Arla que alguien recorre el castillo de noche?

—He oído pasos.

—Arla, ¡basta ya!

—¿Pasos?

—Exacto.

—La verdad es que yo también he oído algo —confesó Olafur, en voz baja.

—¿En serio? —preguntó Erla, abriendo mucho los ojos.

Arla no pudo ocultar su satisfacción. Siempre la habían considerado la hermana más boba e incapaz, porque era bajita y regordeta. Pero ella, lejos de sentirse así, creía poseer grandes aptitudes incomprendidas, y una revancha como aquélla alimentaba su orgullo.

—Pasos muy seguidos, ¿verdad? —preguntó.

—Sí, eso me ha parecido a mí —contestó el mayordomo.

—Y... ¿quién podía ser? —preguntó Erla, incrédula.

—Eso no lo sé —respondió Olafur.

—¿Pasos cortos, como los de una niña?

—Es posible —convino el mayordomo.

—¿Deberíamos avisar a la condesa? —intervino Arla.

—¿Avisarla... de qué? —quiso saber Nives, que, en ese instante, entraba en la cocina.

Hacía un par de días que Nives no se acercaba por allí a robar ningún pastel, ni a ayudar a Arla y a Erla con alguna receta inventada, como la sopa de pescado azul con manzanas silvestres. Cuando lo hacía, su tía Berglind la regañaba, y le recordaba que las normas de etiqueta no permitían ciertos comportamientos.

—Buenos días, princesa —la saludaron Olafur y las cocineras, con una reverencia.

Cuando la joven se les acercó, los criados se asombraron al ver que tenía la mirada triste.

—¿Se encuentra bien, princesa Nives? —preguntó Arla, la más resuelta de los tres.

—Creo que esta noche he dormido mal.

—Yo también —declaró Arla—. Y he oído pasos.

—Sí, debo confirmar que yo también los he oído —añadió Olafur.

—¿Pasos? —repitió Nives distraídamente, sin alarmarse.

—Exacto, princesa. Un verdadero misterio, ¿no creéis?

La joven alzó la cara, despacio, y miró a las dos cocineras con una expresión dulce y, a la vez, desconsolada, sin mostrar verdadero interés. Era como si no hubiera oído una palabra de cuanto habían dicho.

La mirada de Nives, perdida en la nada, daba a entender que la princesa estaba pensando en otra cosa.

Nives se despidió, y buscó refugio en el Salón Dorado. Permaneció inmóvil, mirando por la ventana, junto a un sofá amarillo con tantos almohadones, de distintos estampados y formas, que no había espacio para sentarse. Por pura casualidad, la joven vestía un traje amarillo dorado que había pertenecido a la reina.

Nives no solía ponerse vestidos de su madre, porque hacerlo la entristecía, de modo que era muy raro verla con uno de ellos. Siempre decía que se los pondría el día en que encontrara un príncipe con quien casarse, lo que era una forma de decir que nunca se los pondría.

¿O acaso había encontrado al príncipe que buscaba?

Absorta en sus pensamientos, la joven advirtió una presencia tras de sí, y se volvió hacia la puerta: Gunnar la estaba observando.

—Gunnar, ¿eres tú? —dijo, con voz monótona—. Me alegro de verte.

El lobo, cauteloso, avanzó unos pasos para estudiar la situación. Vio que Nives tenía una expresión insólita, ausente, perdida.

—Creo que, de momento, no podremos hacer excursiones al árbol —continuó la princesa, con tono inexpresivo—. Sigue nevando.

Gunnar torció el hocico para asentir, y pensó lo mismo que habían pensado Olafur y las cocineras poco antes: que Nives parecía desorientada, como si aún estuviera durmiendo, o viviendo un sueño.

El lobo se acercó a la princesa y se sentó sobre las patas posteriores, a los pies de la joven. Ella no lo acarició. Tenía las manos rígidas, pegadas a los costados, como muertas.

«¿Qué está ocurriendo?», se preguntó Gunnar, observándola desde abajo.

Toc, toc. Alguien llamó a la puerta del salón. Nives fue a abrir como una autómata, pero no había nadie.

—¡Uuuuuuuhhh! —gritó de pronto Talía, entrando en el salón.

Nives se sobresaltó, y, acto seguido, pareció despertar de un sueño.

—¡Talía! —exclamó, indecisa entre regañarla o echarse a reír—. ¡Me has asustado!

—Ya, lo he hecho adrede —replicó su prima, muy satisfecha—. ¡Has caído en la trampa!

Y empezó a saltar por el salón, sujetándose la falda del vestido blanco con sus manos pequeñas y sonrosadas.

Nives se pasó la mano por la frente, como si quisiera alejar la sensación de cansancio. Gunnar torció el hocico, sorprendido; al fin, la princesa había vuelto en sí.

El lobo se levantó y olfateó el aire. Estaba convencido de haber oído algo raro, algo que envolvía Arcándida y a la princesa en espirales de niebla, algo misterioso y malvado.

14
El secreto de Talía

Los días transcurrían iguales. Cada día era idéntico al anterior.

Nevaba sin parar, unas veces más fuerte, otras menos. Los copos no dejaban de caer. Las ventanas de Arcándida mostraban las huellas de las narices, curiosas y bastante desanimadas, de sus habitantes, quienes se pasaban el día mirando al exterior, con la esperanza de ver resurgir el sol.

Todos estaban angustiados, pues sabían que aquello no era normal. Como tampoco era normal la extraña apatía de la princesa. Nives permanecía encerrada en su habitación y sólo salía para almorzar, cenar y conversar con el príncipe unas horas al día. Esto último no había sido idea suya, sino de la condesa Berglind. En opinión de su tía, si Nives y Herbert aprovechaban el tiempo de que disponían, era posible que surgiera algo entre ellos.

La condesa, muy pendiente de las reglas de comportamiento, consideraba al príncipe de Lom un pretendiente ideal, capaz de hacer saltar una chispa en el gélido corazón de su sobrina. Además, la buena educación exigía que alguien atendiera al príncipe durante aquellos interminables días de niebla y tormenta.

—Debes tomar una decisión, querida —le repetía sin cesar a Nives—. Tienes ocasión de hablar con él cada día. Es un joven apuesto. Su principado es sólido y su familia, antigua. ¿No crees que podrías...?

Pero era como hablar con una pared. Nives había renunciado a rebelarse. Simplemente, guardaba silencio, hacía caso omiso a las argumentaciones de su tía y no hablaba con nadie.

Sólo dejaba entrar en su habitación a Talía y a Tina, porque eran alegres, espontáneas y despreocupadas. Con todo, ellas también notaban que algo iba mal.

—¿No estás contenta, Nives? —le preguntó un día Tina, con el ceño fruncido y la mirada interrogativa.

Nives, desde su sillón azul, miró a sus primas, que estaban sentadas en la cama frente a ella. Talía intentaba peinar a Tina, sin grandes resultados. Tina chillaba, y conversaban entre un golpe de cepillo y otro.

—¿Por qué tendría que estar contenta?

—¿Cómo que por qué? ¡El príncipe es muy guapo! —exclamó Tina, más alto de lo debido, tal vez porque el peine que Talía empuñaba como un rastrillo había dado con un enredo.

—Ah, el príncipe —repuso Nives, distraídamente—. No se habla de otra cosa, ¿verdad? El príncipe y yo. Yo y el príncipe.

Las dos niñas se miraron, algo perplejas.

—¿No es cierto? —insistió Nives.

—Pues sí —respondieron a coro Talía y Tina.

—¿Y qué dicen en la corte?

—Unos dicen que te da miedo casarte; otros, que haces bien en no hacerle caso al príncipe.

—¿En serio? ¿Y quién lo dice?

—Algunas criadas. Dicen que, en ciertos asuntos, es mejor guiarse por el corazón.

—Ya, el corazón. Decidme, ¿vosotras no creéis que el príncipe Herbert es bastante... cómo lo diría yo... misterioso?

—Puede que sí —respondió Tina—, pero eso lo hace aún más atractivo.

—Pues yo lo encuentro muy raro —opinó Talía.

—¿Ah, sí? ¿Y por qué? —le preguntó Nives, que no sabía si la niña hablaba en serio o lo decía para complacerla.

—Lo pienso desde ayer —dijo Talía, alzando el cepillo.

—¿Por qué? ¿Qué ocurrió ayer?

—No os lo puedo decir.

—¡Dínoslo! —pidió Nives, en tono imperativo.

—Sólo si me juráis que no se lo diréis a la tía.

—Te lo juramos —afirmaron a coro Nives y Tina, tras cruzar una mirada de complicidad.

Pero Talía no tenía suficiente con el juramento. Empezó a juguetear con el cepillo, hasta que tomó una decisión:

—Tenemos que hacer un pacto de tres; si no, no vale.

El pacto de tres era un acuerdo que había inventado Nives años atrás, cuando Tina estuvo a punto de revelarle a tía Berglind la existencia del escondite secreto de la princesa. Era un cuarto minúsculo, situado en el desván del castillo, donde ésta ocultaba objetos curiosos e importantes.

Una cuchara con el mango en forma de cola de pez; un viejo reloj de bolsillo que marcaba los minutos de dos en dos; una concha procedente del Reino de los Corales; una manta de lana de mamut y un frasco de perfume que producía una risa incontenible a quien lo olía. Un pequeño tesoro que la princesa guardaba con sumo cuidado, lejos de los adultos. El riesgo de que su tía pudiese descubrirlo la convenció de la necesidad de realizar un pacto con sus primas, un pacto de tres.

Si una de las tres lo rompía, nunca más podría compartir los secretos de las demás. Esta vez era Talía quien proponía el acuerdo, porque tenía un gran secreto que guardar.

—Por mí, perfecto —dijo Nives.

—¡Por mí, también! —exclamó Tina, saltando de la cama.

Las tres muchachas hicieron un corro sobre la alfombra verde, se miraron a los ojos, extendieron los brazos y se cogieron las manos entrecruzando las muñecas, como si estuvieran encadenadas.

—Por nosotras, en nosotras y con nosotras —cantaron al unísono—. ¡Secreto ahora, secreto para siempre!

Entonces alzaron los brazos, apretándose las manos. Permanecieron un minuto en silencio, y luego se soltaron.

Las tres se miraron con curiosidad. Ya estaban listas para compartir el secreto de Talía.

~*~

Se sentaron muy juntas en el cuarto de Nives. Su tía Berglind les había repetido muchas veces que no se sentaran en el suelo, pero ciertas cosas debían hacerse así. ¡No podían contarse un secreto cómodamente sentadas en un sofá!

—Somos todo oídos, Talía —la animó Nives.

—Nos morimos de ganas de saberlo —añadió Tina.

—Estoy intentando decidir por dónde empezar... Ya lo tengo. Ah, y nada de preguntas, ¿entendido?

Nives y Tina asintieron en silencio.

Talía respiró hondo, y comenzó su relato:

—Todo ocurrió anoche, cuando salí de la habitación...

—¿Y por qué saliste a esas horas? —la interrumpió Tina, que siempre procuraba ejercer de hermana mayor.

—¡He dicho que nada de preguntas!

Nives fulminó a Tina con la mirada y le cogió la mano para indicarle que se callara. En ese momento, sólo deseaba conocer el secreto su prima.

—Anoche salí de mi habitación para comer algo —prosiguió Talía.

Esta vez Tina no rechistó, pero miró a su hermana como si la hubiese descubierto haciendo algo terrible.

—El pasillo estaba desierto, en silencio y muy oscuro —continuó Talía—. Me acerqué a la escalera y, de pronto, oí ruido de pasos en el piso de arriba.

Nives y Tina se pusieron muy rígidas, con la espalda tensa a causa del miedo.

—Me quedé inmóvil, y esperé. Luego, oí la voz de Arla.

—Es sonámbula —dijo Tina.

—Eso pensé yo, y me tranquilicé. Bajé lentamente y me dirigí a la cocina. Mientras buscaba comida en la despensa, volví a oír pasos. Pasos distintos, mucho más pesados que los primeros.

—¿Y qué hiciste? —preguntó Nives.

—Me escondí. Podía haber sido cualquiera, incluso la tía. Pero...

—Pero ¿quién era? —preguntó Nives, ansiosa.

—Eso es lo más increíble —dijo Talía, y empezó a juguetear con el cepillo, como si estuviera buscando las palabras.

—No nos tengas sobre ascuas —le pidió Tina.

—Está bien. Mientras estaba escondida en la despensa, entró alguien. Estaba oscuro, y sólo veía su silueta: llevaba una capa, y una espada que relucía en la oscuridad.

—¡El príncipe Herbert! —exclamó Nives—. Sólo podía ser él.

—¡Júralo! —le dijo Tina a su hermana.

—Creo que era él —repuso Talía—, porque es el único que lleva espada en el castillo.

—¿Y qué hacía en la cocina a esas horas? —preguntó Nives.

—Puede que también tuviese hambre —sugirió Tina.

—No lo creo. Me dio la impresión de que estaba a punto de salir.

—¿Salir de la cocina?

—Eso es lo más raro. Sólo lo oí murmurar, y no entendí lo que decía, ni con quién hablaba, porque estaba solo. Además, lo hacía en un idioma muy raro.

—¿Un idioma raro? —repitió Nives.

—Sí, una lengua que nunca había oído. Más que hablar, parecía que cantara o que recitase.

Nives sintió un escalofrío en la espalda. De pronto, el pasado volvió con fuerza a su mente, con todo el peso de un secreto que no se puede compartir con nadie. Lo había alejado, convencida de que podría olvidarlo, o al menos ocultarlo en su cuarto secreto, pero ahí estaba.

—¿Estás segura de que recitaba? —preguntó, con voz temblorosa.

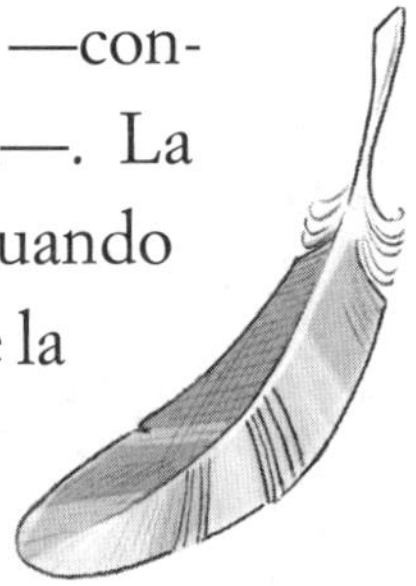

—Sí, era una especie de poesía —contestó su prima, muy convencida—. La repetía en la oscuridad, solo. Y, cuando se fue, encontré esto en el suelo de la cocina...

Talía, radiante, sacó del bolsillo de su vestido algo pequeño y se lo mostró a las dos chicas.

Era una pluma roja, la pluma de uno de los cuervos rojos.

15

El plan de Nives

Aquella noche, mil pensamientos acechaban la mente de Nives.

Se tumbó en la cama, y contempló las extrañas formas que proyectaba la lámpara en las paredes heladas. Empezó a pensar en todos sus recuerdos, incluso en los más tristes. En cuanto cerraba los ojos, aparecían los rostros de sus padres y hermanas, aunque casi no los había conocido. También vio la cara de Herbert. Parpadeó para tratar de alejar aquella imagen. Antes de hablar con Talía, no tenía nada concreto en contra de Herbert, salvo el hecho de que no deseaba casarse con nadie, y menos aún con él. Pero ahora las cosas habían cambiado.

Pensó en todas las cosas raras que habían ocurrido desde la llegada del príncipe: el ataque de Calengol y sus cuervos, los cambios en el tiempo y aquel cansancio que no la abandonaba. Unas semanas atrás, galopaba sobre Gunnar, infatigable; ahora, en cambio, ni siquiera tenía ganas de salir de su habitación. Por las noches dormía mal: tenía pesadillas que no lograba recordar, pero que la dejaban exhausta.

Nives no sabía qué hacer. Cogió de la mesilla un libro con las tapas de piel turquesa. El título, en letras doradas, decía: *Pequeños poemas para ir a dormir.*

Era una recopilación muy especial, un legado de su madre. Contenía varios poemas que, si se leían a la hora de acostarse, garantizaban dulces sueños. Según le contó su madre, cada poema hacía que la mente fantaseara con un sueño determinado, y todos eran muy bonitos. Nives sólo debía elegir el poema adecuado. La atención de la joven recayó sobre uno titulado «Sueños estrellados», que decía así:

El plan de Nives

Estrella próxima,
estrella alejada,
guía el sueño
de esta niña cansada.

Condúcela muy alto,
hasta el firmamento,
donde existen aventuras
que son un portento.

Estrella próxima,
estrella alejada,
escucha este poema
para que duerma relajada.

Vela de noche,
alumbra el camino
para que cada día
su despertar sea divino.

Nives sonrió ante tal ingenuidad. Eran versos para niños, dulces y cargados de recuerdos de su infancia. Recuerdos confusos, pero importantes.

Volver a leerlos era como revivir la sensación de calidez y afecto que su madre le había dejado. Como si aún estuviera a su lado. Poco le importaba si el poema funcionaba o no; lo leyó dos veces, y se durmió, confiada.

~*~

A la mañana siguiente, Arcándida despertó iluminada por leves rayos de sol. El hielo de las paredes resplandecía débilmente bajo una luz clara, procedente de la Meseta Oriental.

El sol ya estaba alto, y en el castillo había movimiento desde primera hora de la mañana. Los lobos escrutaban el horizonte mientras hacían guardia, como siempre.

Por primera vez desde hacía días, no caían copos de nieve. Al fin, el tiempo se había serenado, y podían distinguirse los volcanes que asomaban tras la meseta.

Cuando Nives abrió los ojos, se vio inmersa en una insólita luz amarillenta. Se frotó los párpados, para asegurarse de que veía bien. Se había acostumbrado tanto al gris oscuro de las tormentas que no podía creerlo. Apartó las sábanas blancas y, extrañamente llena de energía, saltó de la cama.

Corrió a la ventana, atraída por la luz e impaciente por comprobar si aquello era real. Abrió las pesadas cortinas azules y, a través de los cristales cubiertos de gotas de humedad, vio algo increíble... ¡el sol!

—¡Ya era hora! —exclamó, satisfecha, y esbozó una tímida sonrisa, la primera en mucho tiempo.

Miró el libro de poemas, que seguía en la mesilla. «Gracias, mamá», murmuró con una sonrisa en los labios.

Los colores del dormitorio parecían entonar con el buen humor de Nives. Tras muchos despertares oscuros y melancólicos, aquella mañana, los reflejos azulados de las paredes y los tonos neutros de los muebles de piedra le transmitían una sensación muy agradable.

Nives quería ponerse un vestido bonito, algo que la hiciera sentir alegre, y se dirigió al gran armario de madera blanca. Abrió una de las puertas, decorada con arabescos dorados, observó rápidamente los vestidos y eligió uno de color púrpura, con anchas mangas transparentes y el talle alto, marcado por un pequeño cinturón de terciopelo del mismo tono. El vestido era un poco escotado, tanto por delante como por detrás, y resaltaba su espléndido cuello.

Sin esperar a sus primas, que solían pasar por su habitación a despertarla, Nives bajó corriendo al piso de abajo, y se dirigió al salón del desayuno.

Al entrar, notó en seguida la mirada de Herbert, que ya estaba sentado a la mesa con tía Berglind. Ambos charlaban animadamente, pero, al ver a la princesa, se callaron de golpe.

Nives no hizo ningún caso a la mirada insistente de Herbert. Saludó con educación a los dos comensales, se sentó en su sitio e intentó luchar contra la molesta sensación que tenía siempre que veía al príncipe. De pronto, vio una pequeña gema sobre un plato colocado ante ella. Era de color rojo oscuro, parecía un rubí.

—Mirad qué casualidad —susurró Herbert, persuasivo—, es del mismo color que vuestro vestido, princesa.

Nives se bloqueó, como si estuviera congelada.

¿Cómo sabía el príncipe que ella iba a ponerse el vestido púrpura? La sola idea de que él la conociera tan bien la asustaba muchísimo. Era como si Herbert pudiera leer en su mente. Esa sensación, que tal vez fuera estupenda para otras personas, a ella le pareció terrible.

—¿Qué significa esto? —preguntó Nives, observando la piedra sin tocarla.

—Es un regalo para vos, princesa Nives —contestó el príncipe.

—¿Un regalo? ¿Y por qué?

—¡Es maravilloso, querida! —exclamó su tía, que parecía una pequeña lechuza, cómodamente arrellanada en su asiento de cuero.

—¿Habéis dormido bien, príncipe Herbert? —preguntó Nives, sin hacerle caso a su tía.

—Muy bien, gracias.

—¿Y no os ha molestado nada? ¿Ruidos? ¿Pasos extraños en el pasillo? ¿O quizá puertas que se abrían y cerraban?

—Pero ¿qué estás diciendo, Nives? —dijo la condesa, alarmada.

Nives no había apartado su mirada de los ojos del príncipe, pues quería hallar en los mismos una confirmación a sus sospechas. Lo miró fijamente, esperando ver una reacción, una señal, pero Herbert se limitó a sonreírle.

—No, princesa, gracias por preguntar, pero la verdad es que he dormido mucho y bien.

—¡Disculpadme! —estalló Nives, tras levantarse de la silla, y se alejó de la mesa.

Aquella conversación acababa de borrar toda la alegría que había sentido al despertar.

—Nives..., querida... —balbució su tía Berglind, y fue detrás de ella.

Pero la joven echó a correr, en busca de Tina y de Talía. Necesitaba a sus primas.

16

La trampa

¿Estás segura de que funcionará? —le susurró Tina a su prima Nives.

—Totalmente.

Ambas llevaban gruesas capas negras con capucha. Iban tan tapadas que sólo se les veían los ojos. Estaban en la habitación de las niñas, haciendo pruebas para tenderle una emboscada al príncipe noctámbulo.

En opinión de las dos mayores, Talía era demasiado pequeña para tomar parte en una maniobra tan arriesgada, de modo que la niña estaba sentada en un rincón, enfurruñada. Había intentado convencer a su prima, aunque sin éxito.

—Podría ser peligroso —le había dicho Nives.

—Sois unas desagradecidas —replicó Talía—. Si no llega a ser por mí, ahora no sabríais nada de los paseos nocturnos del príncipe.

—Tienes razón. Tu ayuda ha sido fundamental.

—Entonces ¿puedo ir con vosotras?

—No insistas, hermanita —dijo Tina—. Además, es muy importante que alguien se quede aquí, haciendo guardia, mientras nosotras estemos fuera.

—Y tiene que ser alguien de fiar —añadió Nives, persuasiva.

Tina no estaba convencida de que la misión que le confiaban fuera importante, pero se quedó callada, mirando al suelo.

Pasaban unos minutos de la hora de la cena. El sol tenue había cedido el puesto a una oscuridad gris y profunda. La noche caía silenciosa en Arcándida, y muy pronto sus habitantes conciliarían el sueño. Todos excepto el misterioso caminante nocturno.

~*~

Gunnar entró en el Salón de los Espejos. No podía dormir. En cuanto cerraba los ojos, lo atormentaban imágenes que no deseaba recordar. De modo que sacudía la cabeza, y vagaba por los pasillos de Arcándida, o montaba guardia ante el dormitorio de la princesa Nives, intentando pensar en otra cosa.

Se miró en el espejo. Cuando el sol desaparecía y nadie más podía verlo, el lobo blanco se veía reflejado con otro aspecto. En vez de un gran lobo con el pelo blanco y las patas fuertes, Gunnar veía el reflejo de un hombre alto y delgado. Un hombre de carne y hueso, sin cola, sin colmillos afilados, sin el áspero olor de la piel de lobo.

Veía al Gunnar de antes, al hombre que se transformó en lobo.

La soledad de la noche era el peor momento para enfrentarse a esos recuerdos. Además, la apatía y el cansancio de aquellos días de nieve lo hacían todo más difícil. El dolor por el pasado se mezclaba con la preocupación por el futuro.

El príncipe Herbert, la fiesta de compromiso, los temores de Nives...

Era insoportable. Gunnar avanzó hacia el

espejo, sin dejar de mirarse. Se esforzó por recordarlo todo. Rozó el espejo con la punta del hocico, y empezó a gruñir, mientras el hombre reflejado apretaba los puños con rabia.

~*~

Muchos años atrás, Gunnar no se llamaba Gunnar. Era un muchacho feliz y despreocupado, que trabajaba en la aldea del otro lado de las montañas. Ayudaba a su padre a construir casas.

Un día, en el camino que iba de la cantera a la aldea, lo pararon unos bandidos procedentes de un reino lejano. Eran cinco hombres negros, que apestaban a turba, como si hubiesen vivido mucho tiempo bajo tierra. Hombres de ojos blancos, extranjeros.

Le robaron, lo ataron y lo tiraron al cráter de un volcán apagado. Se sintió morir, pero, sin embargo, sobrevivió.

Lamía hielo para beber, y esperaba que, tarde o temprano, alguien iría a desatarlo. Pero nunca llegaba nadie.

Cuando las fuerzas lo estaban abandonando, oyó una voz de mujer, y notó una presencia junto a él. Olor a azufre, a volcán, un olor muy fuerte. A pesar de las cuerdas, intentó volverse para ver quién era. Con el ojo que le había quedado sano tras la caída, entrevió una figura vestida con pieles de lobo, cuya piel oscura se confundía con las paredes de la caverna.

—Me llamo Alifa —susurró la sombra—. Y este lugar me pertenece. —Tenía una voz ronca y profunda, como salida del corazón del mundo—. Y tú también me perteneces.

Se acercó a él, y le acarició la piel con unos dedos largos que parecían esquirlas de piedra. Alifa era la guardiana del volcán.

Él intentó reaccionar, pero estaba demasiado débil. Alifa se deslizó junto a él, y empezó a pasearse a su alrededor. Se inclinó hacia su rostro y lo miró con dos ojos rojos, líquidos, que parecían de lava.

—Eres mío. Pero te estás muriendo.

Él cerró los ojos. Por mucho que se esforzara en recordar, sólo acudían a su mente la oscuridad, el frío y el olor a azufre. Sabía que ella lo había levantado del suelo, y que lo había conducido más abajo, a su refugio dentro del volcán.

Recordaba la voz de Alifa despertándolo.

—Puedo salvarte la vida, hombre —susurró—. Pero no será la vida de antes.

Él no lo comprendía, y ella siguió hablando:

—Eras una criatura débil e indefensa, por eso la vida se te escapa. Yo puedo convertirte en una criatura fuerte y temible. Recobrarás la vida, pero ningún ser humano volverá a verte con el aspecto que tenías antes. Serás un lobo. Un lobo blanco. Y, cuando lo seas, no podrás decirle a nadie que me has conocido, ni hablarás de las condiciones de nuestro acuerdo. La decisión es tuya.

Él estaba angustiado, confuso, y seguía sin comprender. ¿Un lobo? ¿Qué sentido tenía vivir como un lobo? ¿Qué vida le esperaba? Entonces recordó lo que le había dicho su madre cuando nació su hermano: «La vida es un bien, hijo mío. Nuestro bien más preciado».

—Ya me he decidido —dijo, hablando con dificultad.

—¿Y cuál es tu decisión?

—Convertirme en lobo.

En el Salón de los Espejos de Arcándida, Gunnar cerró los ojos. De pronto, sus recuerdos se desvanecieron. Y el lobo dio media vuelta en la oscuridad.

~*~

En su habitación, el príncipe Herbert contaba los minutos mientras esperaba a que apagaran las luces y cesaran los ruidos en el castillo. Después, como todas las noches, se levantó, se puso un traje y una capa oscuros, para mimetizarse con la negrura de los pasillos desiertos, sacó de su equipaje una cajita con la tapa agujereada y la abrió un poco.

Tras comprobar que el contenido estuviera bien, susurró una especie de canción en un idioma desconocido. Luego cerró la caja, sonriendo, y se dirigió a la puerta. Salió sin hacer ruido.

Nives y Tina no movían un solo músculo. Respiraban despacio y al mismo ritmo. Se habían escondido bajo la escalera de caracol, agachadas en el tramo de peldaños más curvado, justo antes de llegar al suelo de madera de la entrada.

Era un lugar perfecto, totalmente invisible, desde donde podían vigilar los pasillos que conducían a la cocina y los que subían hacia los salones. La penumbra de la noche lo envolvía todo. La única luz provenía de un candelabro de plata, cuyas velas iluminaban tenuemente el pasillo principal. A la menor corriente de aire, inquietantes juegos de sombras asustaban a las dos chicas.

No podían moverse, pues el silencio en el castillo era total, casi ensordecedor, ni tampoco mirarse, debido a la oscuridad. Nives y Tina, juntas pero aisladas la una de la otra, esperaban oír los pasos misteriosos.

Permanecieron allí mucho rato, inmóviles como dos estatuas de piedra. Cuando ya estaban a punto de rendirse y volver a la habitación de Nives, oyeron algo:

unos pasos ligeros y muy seguidos. Tina le cogió la mano a Nives y apretó fuerte.

Sus corazones latían al unísono. Alguien bajaba la escalera, despacio.

Las dos chicas siguieron quietas. Y, cuando el último paso hizo crujir las tablas del suelo, Nives asomó la cabeza para ver quién avanzaba.

Se sintió algo decepcionada al ver que los pasos misteriosos pertenecían a Gunnar.

El lobo bajó la escalera y se encaminó hacia el pasillo sin verlas. Parecía ir en busca de algo; inspeccionó la entrada, y salió también al exterior a echar un vistazo. Luego se alejó, con paso cauteloso.

Nives y Tina siguieron aguardando. No tuvieron que esperar mucho para oír nuevos pasos. Esta vez eran más pesados, e iban acompañados de un ligero sonido metálico, tal vez una pequeña hebilla que rozaba la piel de unas botas.

Eran pasos de hombre.

El recién llegado bajó la escalera más despacio que Gunnar y, al llegar abajo, pisó con mucho cuidado, pues el suelo parecía gemir a cada paso que daba.

Por segunda vez, Nives asomó la cabeza para ver

quién era. Cuando sus ojos, ágiles como los de un felino, se detuvieron en la capa que envolvía la silueta, supo que se trataba del príncipe Herbert.

Nives apretó la mano de Tina. La niña comprendió la señal, e intentó asomarse, pero Nives se lo impidió y le tapó la boca. Si querían descubrir qué se proponía el príncipe, no debían permitir que las viera.

17

¡Fuera la máscara!

Al regresar del Salón de los Espejos, Gunnar se detuvo en la habitación de Nives. Y, para su sorpresa, la encontró vacía. Allí sólo montaban guardia las hojas que Nives tenía enmarcadas en las paredes. Eran hojas de plantas del Jardín de Invierno. La muchacha las recogía y las dejaba secar con cuidado en su herbario.

Gunnar fue a comprobar si las condesitas Talía y Tina estaban en sus camas, y sólo vio a Talía, que empuñaba un gran bastón mientras dormía. Gunnar se lo quitó de las manos, cerró la puerta con delicadeza y siguió buscando.

Turbado, bajó hasta la entrada, donde oyó a alguien respirar. Se detuvo a la luz temblorosa de las velas, y observó las sombras de los jarrones de flores bajo la escalera de caracol. Le pareció ver algo allí abajo, pero un ruido procedente del exterior lo distrajo, y pensó que sólo había sido una corriente de aire. Gunnar empezó a sentir miedo. Sus sentidos de lobo, normalmente muy agudos, se hallaban entorpecidos.

No oía nada. Al otro lado de la puerta no había nada. «¿Dónde estás, Nives?», se repetía. Tras inspeccionar la planta baja, subió y recorrió los pisos altos y la buhardilla.

¿Por qué habría salido Nives de su habitación?

Buscó en el dormitorio de la condesa, en el de Olafur, en la biblioteca. Y, por último, en la habitación del príncipe Herbert.

Estaba vacía.

En el corazón de la noche, Gunnar galopó por los pasillos de Arcándida en busca de Herbert.

El príncipe de Lom vagaba por el exterior y el interior del castillo, como si no tuviese una meta concreta. Cuando notó que alguien lo seguía, se detuvo.

—¡¿Quién es?! —dijo en voz alta.

¡Fuera la máscara!

Estaba fuera del castillo, cerca del jardín. Ante él, los muros de Arcándida proyectaban largas sombras, más oscuras que la noche.

Una figura encapuchada emergió de la oscuridad. Por un instante, Herbert se llevó la mano a la espada.

Entonces Nives se bajó la capucha, y él la reconoció.

—Ah, princesa, sois vos. ¡Me habéis asustado!

—¿Por qué? —preguntó Nives, sonriendo.

—No es normal que me...

—... que os sigan mientras paseáis por el castillo de noche —prosiguió Nives.

—Me cuesta dormir —repuso Herbert, impasible—, y salgo a caminar hasta que me vence el cansancio.

—Y, mientras camináis hasta que os vence el cansancio —dijo Nives, señalando la espada—, ¿vais siempre armado?

Se oyó una carcajada detrás de la joven. El príncipe escrutó entre los setos, y dijo:

—Veo que no estáis sola.

—Ven aquí, Tina —la llamó Nives.

La condesita salió de la sombra, tapándose la boca con la mano.

—Perdona, Nives, no quería...

—No pasa nada.

—¿A qué debo esta atención tan especial? —preguntó Herbert, y las miró a las dos, sin inmutarse.

—Éste es mi castillo, príncipe, y me gusta saber todo lo que ocurre aquí, incluidos los paseos nocturnos.

—Qué jardín tan espléndido —comentó el joven, intentando congraciarse con la princesa.

—¿Buscáis algo concreto en el jardín de Arcándida?

—Conciliar el sueño, ya os lo he dicho.

Al oír esas palabras, Tina abrió la boca y bostezó.

—A estas horas, una niña tendría que estar durmiendo.

—Eso no es asunto vuestro. Contestad mi pregunta: ¿por qué paseáis armado con una espada?

—Por costumbre, me temo. Salir de noche siempre es peligroso.

—En Arcándida, no —replicó Nives—. Al menos, no lo era antes de que llegarais. Espero que os marchéis muy pronto del castillo, príncipe Herbert —añadió la joven, antes de alejarse.

—En cuanto el tiempo me lo permita —respondió él, melifluo.

Y, en ese instante, un cuervo rojo se posó en lo alto del castillo.

~*~

Muy lejos de allí, había una cueva, iluminada por mil luciérnagas que se reflejaban en el espejo brillante de un lago helado.

Cinco cuervos rojos, encaramados en unos pies de cuerno de macho cabrío, alisaban sus plumas color fuego. Estaban aguardando a su dueño.

—Perfecto, todo perfecto —graznó poco después una vocecilla, desde el fondo de la cueva.

La figura saltarina de Calengol se aproximó al lago, precedida por su gigantesca sombra. Silbó una sola

[...sigue en la pág. 153]

Los secretos de Nives

Me gusta perderme en las dependencias del CASTILLO DE ARCÁNDIDA, y buscar objetos raros... como la esfera de mármol del vestíbulo, que vibra cuando la toco. Según creo, es uno de los objetos mágicos que mi padre quiso eliminar del Gran Reino...

¿Queréis saber otro detalle curioso? El puente levadizo de Arcándida sube y baja cuando alguien pronuncia su nombre. ¿No os lo creéis? Cuando estéis delante del puente, decid «Kiram» y ... ¡veréis lo que sucede!

Arcándida es mi casa.
Huele a frío,
a muebles antiguos
a tarta de manzana...

Siento un gran cariño por mi TÍA BERGLIND... Cuando la abruman pensamientos negativos, siempre agita la mano como un abanico.

MIS PRIMAS Tina y Talía son muy divertidas. A Talía le gustaría ser peluquera en la corte.

A nuestra tía no le gusta la idea, ¡sobre todo desde que vio el experimento que hizo Talía con el cabello de la pobre Tina!

GUNNAR es mi mejor amigo. Hoy me ha mostrado unas flores... ¡flores de hielo! Me miraba intensamente... He sentido que él también estaba maravillado ante tanta belleza. A veces nos entendemos con una sola mirada...

¡Lo he conseguido! He inventado MI TARTA de pétalos de rosa. Cogí los pétalos en el Jardín de Invierno... Al verlos tan bonitos y delicados, no pude resistirme a la tentación de descubrir su sabor. Pensé... ¡una tarta! E irrumpí en la cocina. Soy un poco... torpe, pero Arla y Erla tienen mucha paciencia conmigo. Quizá sea porque soy su princesa.

OLAFUR ES (CASI) EL MÁS IMPASIBLE DE LOS MAYORDOMOS
ONCE TIENE UNA INDIGESTIÓN. ¡ES MUY GOLOSO!

MI HABITACIÓN es mi refugio. Prohibida la entrada a curiosos... a excepción de mis primas y de Gunnar.

Todas las chicas sueñan con vestir trajes de princesa. Soy muy afortunada, lo sé...

El vestido rojo es mi preferido. ¡Me lo pongo cuando estoy de buen humor!

El vestido azul noche es cómodo, y abriga mucho...

Cuando me siento melancólica, me pongo el vestido azul cielo.

Y luego está el vestido preferido de mi tía. Talía dice que con él parezco una reina...

En la BIBLIOTECA debe de haber más de 100.000 libros. Nadie lo sabe con seguridad, pues no existe una lista. Pero la memoria de HALDORR es infalible. Talía dice que los libros aparecen y desaparecen de las estanterías.

Hasta ahora, he encontrado diecinueve pasadizos secretos en la biblioteca. Pero estoy segura de que hay muchos más.

Mis libros favoritos: *Pequeños poemas para ir a dormir*; *Mil cuentos de reinos lejanos*.

Hoy, en un viejo baúl, he encontrado un retrato. Se lo he enseñado a tía Berglind, convencida de que era yo de pequeña, pero mi tía me ha explicado que se trata de DIAMANTE, mi hermana gemela. A saber dónde estarán ahora mis hermanas...

Tengo un
CUARTO SECRETO...
en el desván de Arcándida.
Allí guardo objetos curiosos, divertidos y mágicos que voy recogiendo por todas partes. Un reloj que marca los minutos de dos en dos, un perfume que provoca carcajadas; una cuchara cuyo mango, en forma de cola de pez, brilla cuando la coges...

Lo más conmovedor que hay en mi reino es el GRAN ÁRBOL. Da todos los frutos del mundo, y sus flores son muy aromáticas. Cada vez que Gunnar y yo vamos a ver el árbol, regresamos a Arcándida con una cesta llena de fruta variada.
¡Es fantástico!

Cuando HELGI habla, tengo la sensación de que estoy escuchando a mi padre. Nunca me ha querido decir de qué reino procede... Pero, en el fondo, no importa. Ahora Helgi está con nosotros, en Arcándida. Con él y con Gunnar me siento feliz y segura...

[... viene de la pág. 152]

¡Fuera la máscara!

vez, muy fuerte, y el cuervo que lo acompañaba se reunió con sus cinco hermanos. Luego, todos se pusieron firmes, desplegando sus alas.

—El día de nuestro regreso está cerca —graznó la verde criatura que se ocultaba entre el hielo, avanzando hacia su ejército de cuervos. Los acarició, alisó sus plumas rojas y afirmó—: Por fin, el castillo se abrirá, se abrirá para nosotros. —Levantó a un pájaro de su

pie de cuerno, lo miró a los ojos y añadió—: Nos corresponde a nosotros vivir en ese castillo. Tenemos todo el derecho, ¿no es cierto?

El cuervo graznó.

—Ellos destruyeron nuestro bosque —prosiguió Calengol—. Quemaron nuestros nidos. ¿No es eso cierto?

El cuervo graznó de nuevo.

Ocurrió muchos años atrás. Antes de que estallase la guerra, Calengol vivía en el último gran bosque del Gran Reino. Durante la contienda, el bosque ardió, y con él los hogares de Calengol y de sus vecinos.

Fue una guerra absurda entre el Viejo Rey y el caballero a quien llamaban el Rey Sabio, el padre de Nives.

Al recordar al rey que le había destrozado la vida, Calengol resopló, apretó los puños y dejó volar a su cuervo rojo.

¿Por qué había quemado el rey el único bosque del Gran Reino? ¿Había sido un accidente? ¿Un error? ¿El precio que tuvo que pagar para ganar la guerra?

Calengol no lo sabía. Era una criatura simple, vivía

con los cuervos y odiaba a los hombres. También odiaba la corte de Arcándida, y a la hija del Rey Sabio. Era el único superviviente del bosque, y vagaba desde hacía años, preparando su venganza. Había andado mucho. Había desaparecido, para que nadie lo encontrara, como si aún estuviera en su bosque. Un día, oyó piar desesperadamente a unos pájaros, cuyo nido se hallaba entre las cenizas de un árbol fulminado, en una roca cercana.

Para Calengol, aquello fue una señal.

Dentro del nido, seis cuervos rojos, con la boca abierta, pedían comida y protección. Habían sobrevivido al incendio, igual que él. Calengol se apiadó de los pequeños, y decidió llevarlos consigo. Los crió y alimentó, y se convirtieron en su familia. Y en su ejército.

—Preparaos, amigos —les dijo—. Tenemos una misión importante que cumplir. El día de nuestro regreso está cerca. ¡Muy cerca!

Los cuervos lo escuchaban con atención.

—Nosotros hicimos algo por él —prosiguió su dueño—. Ahora, él hará algo por nosotros. Nos abrirá las puertas, amigos. Y la princesa caerá en mis manos.

Al oír esas palabras, los cuervos alzaron el vuelo, agitados, y emitieron sonidos agudos y estridentes. Empezaron a volar en círculo, muy rápido, como un torbellino rojo que todo lo arrasaba.

—¡Aún no! ¡Volved a vuestros puestos! —graznó Calengol, observándolos con satisfacción—. ¡Esperad! ¡Aún no ha llegado el día!

Pero los cuervos no se detuvieron. Revoloteaban sin cesar alrededor del lago helado, mientras su señor reía cada vez más fuerte.

—¡Esperad a que él os abra las puertas! —repetía éste, gritando—. ¡Esperad!

18
Tensión en la corte

Mientras el príncipe Herbert siguiera en Arcándida, sólo había un modo de deshacerse de él. Tras largas reflexiones, Nives ideó un plan.

Le pediría a su tía Berglind que volviera a organizar la fiesta. Nives fingiría que había cambiado de opinión, y que se sentía preparada para elegir a su prometido, y así lograría que otros príncipes acudieran al castillo.

Y cuando llegaran... ¿qué ocurriría? Ahora no podía pensar en ello, era un riesgo que debía correr. Cada cosa a su tiempo, como decía su madre.

Nives planificó muy bien lo que iba a decir, y luego fue a reunirse con su tía, en la sala donde tomaban el té cada tarde, a las cuatro en punto.

Al entrar se cruzó con Haldorr, que salía con un libro muy grande bajo el brazo.

—Mis respetos, princesa —la saludó el bibliotecario, e hizo una reverencia.

—Buenas tardes, Haldorr.

Nives desconocía el contenido de aquel libro, pero vio que había turbado a su tía. La condesa estaba sentada en un sillón, tan impecable como siempre, con la compostura típica de una aristócrata. La joven observó su constitución menuda y redonda, y aquella gracia natural que la hacía parecer una ex bailarina algo entrada en carnes.

—Siéntate, querida —le dijo su tía, sosteniendo la taza de fina porcelana blanca y azul con sus dedos pequeños y regordetes.

—¿Va todo bien, tía?

—Sí, querida —mintió la condesa, agitando una

mano ante su rostro, como solía hacer cuando quería ahuyentar un pensamiento negativo.

Haldorr acababa de confiarle sus sospechas acerca del príncipe Herbert de Lom. Según lo que había podido averiguar en los libros de familia de los Cinco Reinos, la dinastía de los Lom había tenido tres chicas y ningún heredero varón. El único Herbert inscrito en la corte de Lom era el segundo hijo de una rama de la familia, que contaba trece años de edad. Y, desde luego, Herbert no tenía trece años. Haldorr sabía que el príncipe Herbert debía de ser joven, pero ignoraba su edad exacta. ¿Era posible que los libros de Haldorr contuvieran errores? El bibliotecario se comprometió a revisarlos atentamente, pero, hasta ese momento, todo parecía indicar que el invitado de Arcándida era un impostor.

Nives tomó asiento frente a la condesa.

—Hoy te veo más descansada, Nives.

El comentario de su tía la divirtió, pues, en realidad, se había pasado la noche despierta.

—Así es, tía —mintió la joven—. He consultado mis dudas con la almohada.

Tensión en la corte

La condesa Berglind y Nives nunca habían estado tan alejadas. Ahora, ambas guardaban secretos, y ya no hablaban como antes, aunque actuaban así convencidas de que era lo mejor.

Once, el pingüino más goloso del castillo, sirvió el té, acompañado de cinco galletas y muchas migas. Nives sonrió. *Once* no cambiaría nunca: siempre llegaba con las bandejas medio vacías.

—¿Qué dudas, querida?

—Después de tantos días de niebla, y de esta espera... tía querida... he pensado que, en el fondo, tenías razón: ya es hora de que me case.

La condesa miró a su sobrina con los ojos como platos, como si hubiera visto un fantasma.

—¡Cielos! —exclamó—. ¡Qué gran noticia!

Nives se tragó el nudo que se le había hecho en la garganta al mentir. No acostumbraba a engañar a su tía, pero, en esa ocasión, tenía que defender algo muy importante, más importante que su propia felicidad.

—Y he cambiado de opinión —siguió— respecto a la fiesta que querías organizar con todos mis pretendientes.

—¿Me estás diciendo que... quieres que mandemos las invitaciones?

—Exacto.

—Entonces, ¿no estás diciendo que quieres casarte con... el príncipe Herbert?

—No —contestó Nives—. Después de haberlo conocido a él, también quiero conocer a los once príncipes de los otros reinos. Y, entre ellos, encontraré a... mi futuro esposo.

—¡Claro que sí! —asintió su tía, muy comprensiva—. Las invitaciones están preparadas, y quizá...

—El cielo está despejado. Si las focas mensajeras ya pueden cruzar el mar, podríamos enviarlas ahora mismo.

—Perfecto —repuso la condesa, demasiado emocionada para añadir algo más—. Ésa era mi idea inicial antes de que...

—Lo sé, tía. Pero ¿por qué íbamos a rendirnos ante el primer obstáculo? Si queremos hacer una fiesta, debemos intentarlo hasta el final, ¿no crees?

La anciana asintió, muda ante el cambio imprevisto de su sobrina.

—Me alegro de oírte hablar así, Nives —dijo, cogiéndole las manos—. Estaba muy preocupada por ti.

La princesa también estaba contenta. Sólo esperaba no haberse metido en un lío mayor que el problema que quería evitar.

~*~

La noticia se difundió rápidamente en la corte. Por segunda vez en pocas semanas, los preparativos para la fiesta de compromiso de Nives ocasionaron un gran revuelo. Sólo que ahora el ambiente era distinto, pues en Arcándida se respiraba cierta tensión, y todos parecían marionetas movidas por un destino desconocido.

Nives se sentía prisionera entre dos fuegos. Sólo estaba segura de que ninguno de los príncipes invitados la inquietaría tanto como Herbert.

El príncipe de Lom recibió la noticia con inesperada calma. Creía que seguía teniendo ventaja sobre cualquier otro pretendiente. Tras el encuentro nocturno en el jardín del castillo, las conversaciones con Nives habían proseguido como si nada. Además, ni la joven ni sus primas le habían dicho nada a la condesa, de modo que todo parecía normal.

La única excepción era la actitud de la condesa Berglind, quien evitaba quedarse a solas con Herbert, por temor a que él le hiciera preguntas sobre la fiesta.

Entretanto, Nives disimulaba, pero, en el fondo, se sentía muy inquieta, y se preguntaba cómo acabaría todo aquello. ¿Cuándo mandarían las invitaciones? Al cabo de pocos días. ¿Cuándo se celebraría la fiesta? En cuanto llegaran los príncipes. ¿Todos aceptarían la invitación?

—Tranquila —le repetía Tina, mientras cepillaba su larga melena rubia—. Llegará tu príncipe y te salvará de Herbert.

—¿Y si no es así? ¿Y si algo sale mal?

—Dicen que el mar está sereno, y que mañana las focas ya saldrán a nadar.

—Quizá tengas razón, Tina. Es este nudo —dijo, y se señaló la boca del estómago—, que no me da tregua.

—Voy a decirle a Olafur que te prepare una infusión bien caliente. Las hierbas del volcán Hekta son milagrosas.

Era una buena idea.

Tina salió de la habitación y dejó la puerta entornada. Poco después, asomó por ella una enorme cabeza, y el lobo dio unos golpes sonoros con la pata.

—Adelante, Gunnar. ¡Qué sorpresa!

En los últimos días, el animal había tenido una actitud más prudente y reservada que de costumbre. Cuando se acercó, la princesa vio que llevaba algo en el lomo. Era la capa azul que ella solía ponerse cuando salían juntos de excursión.

Los ojos de Nives se aclararon, igual que el cielo después de una tormenta. Él levantó el hocico, como si quisiera hacerle una pregunta muda. Era su forma de comunicarse con la princesa.

—Sí, es una gran idea —contestó Nives, al intuir la pregunta de Gunnar.

Asió la capa, la sujetó bajo el brazo, le escribió una nota a Tina y salió de la habitación.

—Gracias —le susurró al lobo blanco cuando empezaron a galopar, dejando atrás Arcándida.

19
Correr para olvidar

Dos siluetas, que parecían una sola, corrían a toda velocidad por la llanura, todavía nevada, del Reino de los Hielos Eternos. No tenían una meta concreta; de vez en cuando, cambiaban de dirección, subían una colina y luego descendían, bordeaban un géiser y avanzaban por las laderas de un volcán. Corrían por el simple placer de hacerlo. Nives se agarraba con fuerza al pelo de Gunnar, y el lobo, al sentir el apretón de su mano, trotaba con mayor energía.

Correr los hacía sentirse libres, y ahuyentaba los pensamientos negativos, las preocupaciones que, durante los últimos días, habían sumido sus corazones en un resignado silencio.

Llegaron a la caverna del Gran Árbol a última hora de la tarde. Una extraña luz, muy tenue y cálida, iluminaba el árbol.

Las hojas de las ramas altas, más bañadas por la luz, eran doradas, y las grandes naranjas que colgaban de ellas parecían esferas de bronce.

Helgi estaba sobre el último peldaño de una escalera de madera. Cuando los vio entrar, bajó al suelo, con unas tijeras de podar y una cesta en la mano.

—Bienvenida, princesa —dijo, con alegría.

Nives, en un ímpetu de nostalgia, se lanzó a los brazos de Helgi y se echó a llorar. El jardinero se quedó de piedra, sin saber qué hacer. Ignoraba qué problemas atormentaban a Nives, y no podía siquiera imaginar la tristeza que sentía la joven. Pero ella conocía los fuertes brazos del jardinero, que tantas veces la habían aupado hasta las primeras ramas del Gran Árbol cuando era niña. Para Nives, Helgi representaba la posibilidad de recordar su pasado, era el único vínculo con lo que había perdido y con su felicidad. Aspiró su olor intenso, a tierra, fruta y flores.

Helgi le acarició dulcemente la cabeza con sus manos grandes, endurecidas por los años de trabajo. Luego, cuando ella se apartó, la miró a los ojos, y dijo:

—No os preocupéis. Seréis una gran reina.

Al oír sus palabras, Nives sintió en su corazón una fuerza nueva, o tal vez olvidada. Helgi tenía razón: una gran reina jamás se asustaba, sino que andaba con la cabeza bien alta ante cualquier dificultad. Y eso iba a hacer ella, pues deseaba ser merecedora de su título y rango. Lo haría por la gente de Arcándida, y por toda la población del Reino de los Hielos Eternos.

Helgi sonrió, y le señaló las naranjas que colgaban de las ramas más altas.

—Mirad, princesa —le dijo en voz baja—, pronto estarán maduras, y entonces será el momento de ir a la aldea.

—Ahora el tiempo ha mejorado —repuso la princesa, y asintió, secándose una lágrima.

Gunnar sonrió para sus adentros. Se alegraba de ver a Nives así. La aldea tenía unos cincuenta habitantes, que vivían sobre todo de la pesca. Eran fieles a la corte de Arcándida, honestos y valientes. Según unas normas de antes de la guerra, cada primavera los aldeanos recibían las primeras naranjas del Gran Árbol, como señal de respeto.

—Si tenemos que ir a la aldea —dijo Nives—, será mejor hacerlo en seguida.

—¡Bien dicho, princesa! Sólo es cuestión de días.

—¿A ti qué te parece, Gunnar?

Al oír nombrar la aldea, Gunnar gruñó en voz baja.

Antes de convertirse en lobo, había sido su aldea. Eso fue antes de vivir salvajemente con los otros lobos, antes de entrar a formar parte del servicio de la princesa.

Mientras Nives hablaba con Helgi del árbol y del jardín, Gunnar se tendió en la hierba a descansar un rato. Recordaba muy bien el día en que había llegado al castillo.

Cuando supo que se necesitaban voluntarios para formar el ejército de Arcándida, Gunnar convenció a los lobos de su manada para que lo siguiesen y ofrecieran sus servicios a la princesa Nives. Los guió por el Reino de los Hielos Eternos hasta el castillo, y, al llegar a Kiram, el puente levadizo, Gunnar fue el primero en entrar. El puente se abrió por arte de magia, sin que nadie pronunciara su nombre, como si hubiese reconocido a alguien.

Gunnar dejó a los lobos en el patio y subió la escalera principal sin aflojar el paso, mientras los otros soldados gritaban. ¿Un lobo en Arcándida, para proteger a la princesa?

Fue entonces cuando Gunnar vio a Nives por primera vez. Llevaba un vestido precioso, azul cielo. Su piel blanca, el largo cabello rubio y sus rasgos delicados le otorgaban el aspecto de una reina. Iba al lado de la condesa Berglind, en silencio y respetuosa.

Gunnar se enamoró de ella al instante.

—Acércate, lobo —le pidió la condesa, como si no la sorprendiera su presencia—. Yo soy una anciana, y no puedo combatir todas las amenazas que van a poner en peligro la vida de la princesa. Calengol es el monstruo más peligroso. La princesa Nives es pequeña, y está todavía indefensa. Tú, lobo, ¿serás capaz de protegerla?

Gunnar hizo una seña, y ambos se acercaron a la ventana. Al asomarse, la condesa vio la manada de lobos, dispuesta en ordenadas filas sobre la nieve.

—Lobos —murmuró la condesa Berglind, sorpren-

dida—. ¿Es éste mi destino? ¿Confiar la seguridad de la heredera al trono del Reino de los Hielos Eternos a un ejército de lobos? Espero estar haciendo lo correcto.

Gunnar emitió un larguísimo aullido. Y sus lobos lo imitaron.

De pronto, Gunnar despertó. Seguía tendido en la hierba, junto al Gran Árbol. Se había dormido unos momentos. Nives y Helgi lo miraban, preocupados.

—¿Qué ocurre, Gunnar? —inquirió la princesa—. ¿Por qué has aullado?

El lobo no se había dado cuenta, había aullado en sueños. Y el sueño había sido tan vívido como si fuese real.

Le lamió la mano a la princesa. «La protegeré siempre», pensó.

~*~

La condesa Berglind recorría el pasillo de la planta baja con pasos cortos y rápidos. Casi era la hora de la cena, y Nives aún no había vuelto a Arcándida.

—¿Ha llegado ya? —iba preguntando a quienes se cruzaban en su camino.

—Aún no, condesa. Lo siento —respondían todos.

Cuando oyó abrirse la puerta principal, se asomó a una ventana y distinguió las siluetas de Nives y de Gunnar.

—¡Por fin! —exclamó.

Fue trotando hasta el vestíbulo, y sus pasos eran semejantes a los que daban los pingüinos camareros.

—¿Dónde has estado tanto rato? —le preguntó, casi gritando, a su sobrina—. ¡Me tenías muy preocupada!

Nives se quitó la capa, y se la tendió a los dos pingüinos que se habían acercado a ella.

—Hemos ido a ver el Árbol y a Helgi. Casi ha llegado el momento de llevar las naranjas a la aldea.

La tía miró a su sobrina a los ojos. Era la primera vez que Nives recordaba una de sus obligaciones protocolarias. Su respuesta había sido digna de una reina.

Los ojos de la muchacha se veían distintos, más conscientes y menos tristes. La condesa dejó de preocuparse, se relajó, adquirió una expresión jovial y sonrió, satisfecha.

—¡Tenemos que hablar de los preparativos!

—Vayamos al salón amarillo —sugirió Nives—, así hablaremos más tranquilas.

—Muy bien, perfecto —repuso su tía, encantada de poder compartir con la joven la enorme responsabilidad que conllevaba organizar una fiesta de compromiso.

Tía y sobrina pasaron varias horas hablando de mil detalles. Para la condesa, la hora de la cena era sagrada, pero ese día la retrasó, pues quería aprovechar el inesperado entusiasmo de su sobrina. Nives, por su parte, sólo tenía una idea fija: retrasar todo lo posible la elección de su prometido.

Aún hablaban de los preparativos cuando Olafur pidió permiso para entrar.

—Me temo que la cena se ha enfriado —anunció con pesar.

—Oh, cielos, qué tarde es —dijo la condesa—. El tiempo vuela.

Entonces se puso en pie y se alisó torpemente el vestido.

20
El coleóptero azul cobalto

La noche caía sobre Arcándida.

Nives se acostó con el corazón más ligero que de costumbre. Se metió en la cama y se cubrió con las mantas hasta la nariz. Contempló por la ventana el cielo estrellado. Aquella noche sentía mucho frío, tal vez estuviera más sensible de lo normal...

Pensó distraídamente en el día que tocaba a su fin, y advirtió que no se había cruzado ni una sola vez con el príncipe Herbert. Por eso se sentía tan ligera.

Sin darse cuenta, se quedó dormida. La llama de la vela que tenía sobre la mesilla ardía despacio, y modelaba extrañas formas de cera blanca.

Un batir de alas rompió el silencio. Una pequeña mancha oscura empezó a moverse en la penumbra, buscando algo. De vez en cuando, desaparecía en los rincones más oscuros, para reaparecer poco después bajo la luz temblorosa de la vela, que casi se había consumido. Era un insecto, un coleóptero azul cobalto.

Su cuerpo diminuto, envuelto en un caparazón brillante y articulado, recorría la habitación. Quizá esperaba a que Nives se acostumbrara al sonido de sus alas para acercársele al oído.

Se detuvo a los pies de la cama de la princesa, luego voló hasta la almohada. Al fin, con sus patas gruesas y cortas, se dirigió lentamente hacia la oreja de la chica, y, muy despacio, se posó en ella.

Nives dormía profundamente.

En la habitación se oyó un siseo, una especie de canturreo muy bajo, que no se distinguía del crepitar de la llama. Duró pocos minutos.

Después, el coleóptero regresó a la almohada, volvió sobre sus pasos y, ya lejos de la princesa, voló hacia la ventana abierta.

La luz de la vela se apagó, dejando en el aire olor a cera quemada.

El insecto azul cobalto voló fuera de las paredes de hielo. Primero fue hacia abajo, en dirección a la fosa; después hacia arriba, a los pabellones de invitados. Y, a través de la ventana abierta, entró en el dormitorio del príncipe Herbert.

El príncipe llevaba una bata oscura, con ribetes de pasamanería encarnados. Cuando advirtió la presencia del coleóptero, se acercó la mano al hombro, para que subiera.

En la chimenea ardía un fuego muy vivo, y las llamas iban en todas direcciones.

—¿Todo ha salido bien, amigo? —preguntó Herbert, con la mitad del rostro iluminada y la otra mitad envuelta en la oscuridad.

El insecto batió tres veces las alas.

—Bien, muy bien. Me queda poco tiempo para conquistar a la princesa. Da igual que ella quiera o no —añadió Herbert, con una mueca complacida—. No podemos perder más tiempo.

Acarició a su coleóptero azul cobalto. Ese animal diminuto había sido entrenado para susurrar al oído de Nives una cantilena, en un idioma olvidado, para dominar su voluntad y aproximarla a Herbert.

Gracias al trabajo nocturno del insecto, el príncipe conocía con antelación las acciones de Nives y, a veces, podía leer su mente. Cada noche, el coleóptero perturbaba el sueño de la princesa, y le decía cómo debía vestirse y adónde tenía que ir. Sin saberlo, Nives hacía lo que el príncipe Herbert quería.

Había sido más difícil de lo que Herbert creía. La princesa poseía una voluntad férrea, y, aunque iba cediendo poco a poco, a él ya no le quedaba tiempo.

La nueva fiesta, las nuevas invitaciones y los demás pretendientes suponían un grave peligro para Herbert y sus objetivos. Tenía que precipitar los acontecimientos, actuar en seguida. De lo contrario, todo cuanto había hecho hasta ese momento, el ataque de su monstruoso aliado junto a los cuervos rojos, la tormenta de nieve, el coleóptero, los sueños... todo sería inútil.

—Esta noche —murmuró el príncipe, sombrío—, Arcándida se teñirá de rojo.

Entonces dejó el coleóptero sobre la mesa, junto a la caja con la tapa agujereada donde lo guardaba.

—Descansa, insecto de los sueños. Voy por mi espada.

21

La alianza

Mientras, junto al lago helado, Calengol y los cuervos rojos se preparaban para partir. Habían repasado el plan muchas veces. Estaban listos. Entrarían en Arcándida por un lugar que nadie podía imaginar.

—Una vez allí, no habrá tiempo para pensar —repitió Calengol, con su voz estridente—. Tendremos que actuar a la vez, rápido y sin vacilar.

Los cuervos asintieron con la cabeza.

—Ya habéis oído las palabras de nuestro amigo —prosiguió—. Las habéis oído, ¿verdad?

Horas antes, su amigo, el príncipe Herbert, había

ido al lago para anunciar un cambio de planes: Calengol y los cuervos debían actuar esa misma noche.

Calengol quiso saber qué había ocurrido, y le preguntó al príncipe a qué se debía el cambio.

Herbert no le contestó. Simplemente, dijo que, si quería raptar a la princesa Nives, debía entrar en el castillo esa misma noche. Y afirmó haber encontrado un acceso seguro. Calengol estaba impaciente por alcanzar su objetivo. Por fin, gracias a la alianza con Herbert, podría vengar la matanza de su pueblo. Por fin, la princesa Nives sería suya, y Herbert obtendría el Reino de los Hielos Eternos. Tal vez, un día, el nuevo rey nombrara a Calengol su consejero.

—¡¿No será otra vez por la cocina?! —exclamó el monstruo, sabiendo que Gunnar había reforzado la vigilancia en ese punto.

—Entrarás por el pabellón de invitados —dijo el príncipe Herbert—. Ya me he ocupado de que encuentres el camino libre.

Era difícil, pero no imposible.

Calengol imaginó cómo volaría sobre la fosa y se agarraría a las paredes resbaladizas del castillo. Su naturaleza monstruosa le permitía actuar como un animal y pensar como un hombre. Aquél era el lado más empinado del castillo, y nadie iba a imaginar que alguien fuera capaz de escalar esas paredes. Una vez allí, entraría por la ventana que Herbert había dejado abierta en el pabellón de invitados. A continuación, accedería al palacio real por una pequeña escalera que había descubierto Herbert, y, desde allí, iría a la habitación de Nives.

—¿Y el lobo? —preguntó Calengol.

—Yo me ocuparé de él —respondió Herbert, muy convencido.

Era un plan muy arriesgado, y Calengol se había preparado a conciencia. Durante las tormentas de nieve y viento, sus cuervos habían volado transportando piedras para reforzar sus alas. Y Calengol había escalado las paredes de las montañas, buscando siempre los caminos más difíciles. Era fuerte e intrépido.

Sus ojos echaban chispas, cegados por el ánimo de venganza.

—¡Vamos! —gritó.

Cogió del suelo una cuerda enrollada y unos crampones, y los hizo girar por encima de su cabeza para que los cuervos rojos alzaran el vuelo.

La alianza

Muy lejos de allí, en Arcándida, reinaba el silencio más absoluto. Herbert, sentado frente a la ventana de su dormitorio, miraba la luna creciente, sumido en sus pensamientos. Tenía la espada, reluciente y desenvainada, sobre sus rodillas.

¿Sentía miedo? ¿O sólo era cansancio?

Herbert siempre había estado muy seguro de lo que quería, y de cómo iba a obtenerlo. Pronto sería el nuevo rey del Reino de los Hielos Eternos. Y no se detendría ahí. Arcándida no era más que una pieza. Nives sólo era una parte de su gran plan. La princesa guardaba un secreto, y Herbert quería apoderarse de ese secreto.

Un secreto que le transmitió a la princesa su padre, el Rey Sabio, un hombre a quien Herbert despreciaba.

No era fácil manipular el pensamiento de Nives. Y, además, estaba Gunnar, ese lobo fiel y peligroso, que influía tanto en la princesa. Era un animal misterioso. Herbert sabía que Gunnar sería capaz de dar la vida por salvar a Nives, pero no comprendía bien la naturaleza de aquel sentimiento tan fuerte.

El príncipe se levantó, muy inquieto, y abrió la ventana. Lo envolvió un aire gélido, perfecto para aclarar las ideas. Se colocó frente a la ventana. El frío fue penetrando en sus huesos y le heló la sangre. Resistió unos minutos, y congeló un viejo dolor que sólo lo vencía en algunas ocasiones. Nives no era la única que había perdido a su padre. Y tampoco era la única que echaba de menos su pasado.

—Esta noche... —repitió el príncipe Herbert, cerrando los ojos ante el hielo— todo acabará.

~*~

Erla daba vueltas en la cama. Cuando Arla la despertaba con sus paseos nocturnos, le costaba volver a dormirse. Sabía que, al cabo de un rato, empezaría su larga jornada laboral, y no quería perder sus últimas horas de sueño.

—Tengo que pedir que nos dejen dormir en camas

separadas —se lamentó, sola en la habitación—. Lo haré, por el bien de mi salud.

Miró a su alrededor, y vio los primeros rayos de luz. «Falta menos de una hora para el desayuno», pensó. Solía ser muy precisa en ese tipo de cálculos, porque se había pasado la vida midiendo el tiempo según las ocupaciones de la jornada.

Entretanto, su hermana vagaba sonámbula por los pasillos. Ya había recorrido el tercer piso, donde estaban las habitaciones del servicio, y había llegado a la escalera. Tras noches y más noches de práctica, bajaba los peldaños con suma agilidad, incluso mejor que cuando estaba despierta. Nunca parecía tener una meta concreta, y siempre acababa metiéndose en algún lío.

Una vez, tropezó con la valiosa colección de tazas de porcelana de la condesa Berglind, que Olafur había dejado sobre una mesita para que las lavaran. Arla chocó contra la mesa y provocó tal estruendo que despertó a todo el castillo. A todos menos a ella, claro está, porque los sonámbulos tienen un sueño inquebrantable.

Aquella mañana, un aire frío recorría los pasillos,

subía y bajaba por los pisos y, a través de las rendijas de las puertas, entraba en salones y dormitorios. Siguiendo la extraña corriente de aire, Arla, la sonámbula, llegó hasta una ventana abierta en el último piso del pabellón de invitados. La cerró con un gesto fuerte y resuelto, sin reparar en la cuerda trenzada que colgaba del alféizar y que quedó atrapada en la ventana.

Pasó, sin verla, muy cerca de una figura encorvada que permanecía oculta a la sombra de una chimenea de piedra. Percibió un olor molesto, olfateó el aire y prosiguió.

—Esta vieja cocinera —susurró Calengol— siempre anda estorbando.

Unos segundos más, y Calengol no habría podido entrar.

—Adelante..., adelante... ¡Ya estamos cerca! —dijo, hablando consigo mismo—. Sólo tengo que encontrar el pasadizo hasta el dormitorio de la princesa Nives y raptarla.

Faltaba menos de una hora para el amanecer.

Recorrió los pasillos que Herbert le había indicado, hasta llegar a una puerta pequeña. Bajó unos escalones y llegó al palacio real.

—Bien, bien —dijo, sonriendo—. Vamos..., venga.

De pronto, oyó un ruido. Eran gritos de mujer, lejanos. Más que gritos, quejidos.

Arla regresó de su paseo nocturno, y cruzó el jardín en dirección a su dormitorio. Erla había oído decir que no había que despertar a los sonámbulos, pero, en cuanto vio a Arla, la cubrió de improperios, y le dijo que, si seguía despertándola, renegaría de ella como hermana. Ambas metían mucho ruido con sus gritos y los objetos que rompían, y eran capaces de despertar a todo el castillo.

Calengol aceleró el paso, cuidando de que nadie lo oyera.

—Será mejor que me largue antes de que los gritos despierten a todo el mundo.

El ruido también despertó a la princesa, que se frotó los ojos, como si ya fuera hora de levantarse. El reflejo azulado del alba se filtraba por las paredes heladas, alumbrando lo suficiente para ver las siluetas de muebles y objetos, aunque aún no se podían distinguir con claridad los detalles.

Calengol irrumpió en el dormitorio. La puerta estaba abierta, tal como le había prometido el príncipe

Herbert. Nives, cogida por sorpresa, se quedó petrificada. Dos brazos pequeños y musculosos la apretaron, cortándole la respiración, y percibió un intenso y silvestre olor a moho.

Ni siquiera tuvo tiempo de gritar antes de que Calengol la inmovilizara.

Nives se debatió, e intentó soltarse, pero sus esfuerzos fueron inútiles.

Vio la cara de su atacante. ¡Era Calengol!

«¿Dónde está Gunnar? —se preguntó—. ¿Dónde están los demás? ¡Tía Berglind! ¡Tina! ¡Talía!»

Nives luchó furiosamente, mientras sus ojos buscaban un modo de huir. De pronto, se abrió la puerta de la habitación.

¡Herbert!

22
El príncipe rescata a Nives

Cuando faltaba menos de una hora para el amanecer, el príncipe se lavó la cara, cogiendo agua de la jofaina blanca que el mayordomo había dejado sobre una mesita, en un rincón de su dormitorio. También había una bonita jarra y una toalla bordada de lino, que un comerciante había llevado del Reino de Arena. Herbert se miró en el espejo oval colgado en la pared: tenía la cara mojada y sus ojos reflejaban cansancio.

Había llegado el momento de enfrentarse a Gunnar.

Sin secarse, cogió la espada por la empuñadura dorada, la envainó y salió del dormitorio. Se movió todo lo rápido que pudo, con el arma al cinto, y utilizó el mismo pasadizo que Calengol. No intentó disimular el ruido de sus pasos.

Cuando llegó al piso donde estaba la habitación de Nives, se encontró de frente con Gunnar. El lobo lo miró con desconfianza.

El príncipe puso la mano en la empuñadura de su espada, respiró hondo y... en ese momento, oyó un grito a lo lejos.

—¡Basta ya, hermana! —chillaba la voz de Erla—. ¡Quiero dormir!

Herbert levantó la mano y señaló en la oscuridad la zona de las habitaciones del servicio.

—Creo que ahí está ocurriendo algo grave.

Gunnar no se movió. Se oyó un ruido sordo, seguido de un estruendo.

El lobo blanco escuchó la pelea entre las dos hermanas, y pensó que tal vez Calengol se hubiera entrometido en la disputa. Preocupado, trotó por el corredor para ir a ver qué sucedía.

El príncipe contuvo el aliento hasta que lo vio desaparecer, luego sonrió maliciosamente y se dirigió a la habitación de Nives.

Pegó la oreja a la puerta, y luego la abrió de par en par.

Calengol, inclinado sobre el cuerpo de la princesa, estaba terminando de atarla. Nives aún estaba consciente, y, al reconocer a Herbert, abrió sus aterrorizados ojos.

—¡¿Quién eres?! —chilló el príncipe, irrumpiendo en la habitación con la espada en la mano.

—¡Ah! —replicó Calengol, al reconocer a su amigo—. ¡Me has asustado! ¡No grites!

—¡Deja en paz a la princesa Nives, criatura monstruosa!

—¿Dejarla? Pero ¿qué dices? —repuso la criatura del bosque, en voz baja—. Soy Calengol.

—¡Y yo soy el príncipe Herbert de Lom, futuro esposo de la princesa Nives! —proclamó el príncipe, en tono amenazante.

—¡Estás delirando! No habrá ningún esposo, ni ninguna boda. ¡La princesa es mía! Es lo que acordamos.

—¡Eso nunca! —gritó Herbert, alzando la espada.

—¡Me las pagarás! —dijo Calengol. Entonces sacó un cuchillo que ocultaba bajo el cinturón, y, apretándolo contra la garganta de la princesa, añadió—: Déjame marchar, o...

De repente, oyeron unos pasos apresurados. Gunnar recorría el pasillo al galope. También se oían las voces de la condesa Berglind y de Olafur.

—¡No corráis, condesa! —repetía el mayordomo.

En el dormitorio de Nives, Herbert avanzó medio paso. Calengol retrocedió, arrastrando consigo el cuerpo de la princesa.

Gunnar llegó a la puerta, pero no se movió. El príncipe Herbert, sin volverse, le indicó que no entrara.

—¡Quieto! —le dijo—. ¡Tiene un cuchillo!

Y esperó a que llegaran los demás. La condesa dio un chillido y se desmayó en brazos de Olafur. Herbert aprovechó el momento: dio un salto, e hirió con su espada a Calengol con un golpe inesperado.

La criatura observó la mancha de sangre oscura que se iba formando sobre los harapos que vestía, y luego miró a su amigo sin comprender.

Enfurecido, se abalanzó sobre el príncipe, y, con una rabia increíble, le mordió el brazo que sostenía la espada.

Herbert no soltó a su presa. Veloz y hábil, aferró

la muñeca armada de Calengol, y la apretó con todas sus fuerzas, intentando que el cuchillo cayese al suelo.

—¿Qué haces? —gritaba Calengol, debatiéndose furiosamente.

—¡Vuelve por donde has venido, monstruo!

—Dame a Nives y me iré —susurró Calengol durante una pausa en la lucha—. ¡Es mía! ¡No puedes quitármela!

—¡Eso nunca! ¡Nunca será tuya!

Herbert le retorció el brazo y, al fin, logró arrebatarle el cuchillo. Después levantó a Calengol y lo lanzó por la ventana con increíble violencia.

El monstruo del bosque salió disparado de forma totalmente imprevista, y los cuervos rojos que lo aguardaban fuera no tuvieron tiempo de recogerlo.

Calengol cayó a lo largo de los muros, y luego a la fosa, devorado por una vorágine sin fondo. Y desapareció para siempre en las corrientes gélidas de las profundidades.

SEGUNDA PARTE

23

Una ley cruel

En el dormitorio de Nives se hizo el silencio. La alfombra verde estaba manchada de sangre. El príncipe Herbert, de pie frente a la ventana, miraba la fosa.

Gunnar y Olafur liberaron inmediatamente a la princesa. Se aseguraron de que ésta se encontraba bien, y se sentaron en la cama.

—Debemos considerarnos afortunados —dijo Olafur—; ¡está viva!

Llegaron las dos primas de Nives, precedidas por el grito de Talía, que parecía una bocina.

El chillido hizo volver en sí a la condesa Berglind.

Al verse en camisón, la anciana se sonrojó, pero no tenía fuerzas para levantarse.

—¡Oh, cielos! —repetía sin cesar—. ¡Oh, cielos, voy a desmayarme otra vez!

El príncipe Herbert disfrutaba de la escena, algo apartado. Miró a Gunnar con aire desafiante, un desafío del que el príncipe ya había salido victorioso, pues era él quien había acudido cuando Nives lo necesitaba. El lobo era consciente de ello y sufría.

Entonces llegó Erla, y le puso a Herbert un ungüento a base de raíces en el brazo herido. Él dejó que lo curara. Sabía muy bien que había dado un paso importante.

Y que las cosas iban a cambiar en Arcándida.

~*~

Al cabo de unas horas, alguien llamó a la puerta de la habitación de la condesa.

—Adelante —respondió ella con un hilo de voz.

La puerta se abrió y entró Nives. Vestía de azul claro, como sus ojos, apagados y tristes.

La condesa Berglind, sentada en su sillón tapizado

en hilo de plata, apoyaba los pies en un escabel de piedra volcánica, mullido en la superficie.

Olafur le había colocado un pañuelo mojado sobre la frente, y eso le obstruía parte de la visión. Ya era media mañana, pero las cortinas de pedrería estaban echadas, y creaban sombras purpúreas por el reflejo de las paredes heladas.

—Buenos días, tía —dijo la princesa—. ¿Cómo te encuentras?

—Mejor. ¿Y tú?

—Yo también estoy mejor.

Nives miró a Olafur, que permanecía en un rincón, tan envarado y rígido que no parecía de carne y hueso, sino que más bien recordaba un reloj de pared.

—Ah, querida. A mi edad —se lamentó la condesa—, los sobresaltos son muy malos.

—Lo siento mucho, tía.

—No es culpa tuya.

Nives se sentó en el sofá, y acarició la fina tela con la mirada absorta y preocupada.

—Al menos, ahora ya no debemos temer los ataques de ese monstruo, de...

— ... de Calengol —dijo Olafur, desde la pared del fondo.

—Exacto —repuso Nives, con tono afligido.

—Tenemos que alegrarnos, digo yo —afirmó la condesa, apartándose el pañuelo de los ojos—. Y también lo dice Olafur.

—Sí, ya, pero... matarlo de esa forma... Además, creo que siempre me dará miedo volver a dormir en mi habitación.

—Quizá no sea necesario —replicó su tía, muy resuelta.

—¿Qué quieres decir, tía?

—Quiero decir que, si no llega a ser por el príncipe Herbert, ahora... —La condesa agitó una mano ante su rostro, como si quisiera ahuyentar un pensamiento negativo, y luego sollozó—. Ahora no sé dónde estarías, Nives.

—Ya, pero fue algo cruel.

—Cruel y necesario, pequeña —dijo su tía, convencida—. Si no llega a ser por él...

Y repitió el mismo gesto.

—El príncipe habría podido desarmarlo —objetó Nives—, y Gunnar lo hubiese encerrado en las mazmorras.

—Pero entonces seguiríamos viviendo bajo el peso de su amenaza. No, querida, es mucho mejor así.

—Pues yo creo que Herbert de Lom es un hombre malo.

—Nives, ¿cómo puedes decir eso? El príncipe es un hombre valiente y leal. Te ha salvado la vida, no lo olvides.

—Sí, a costa de esa criatura infeliz. Mi madre siempre decía que hay que respetar la vida de todo el mundo, incluso de los enemigos.

—Lástima que tu padre no pensara lo mismo. Te recuerdo que nos trajo la guerra, y que en la guerra murió mucha gente.

—¡No tuvo más remedio! Mi padre tenía que derrotar al Viejo Rey y librar al Gran Reino de su terrible magia.

La insolencia de Nives fue demasiado para la condesa. Con gesto perentorio, la anciana se quitó el pañuelo de la frente y se lo tendió a Olafur para que lo airease.

—¡Basta ya, Nives! No te he llamado para hablar de tus padres, sino de ti y del príncipe Herbert.

—No hay nada que hablar sobre el príncipe y yo.

Nives no podía ocultar su enfado. Sabía que debía tratar con respeto a su tía, pero, en esos momentos, era incapaz de disimular su rabia y decepción por lo ocurrido.

—Nives, como bien sabes, aquí, en el Reino de los Hielos Eternos, existen unas reglas de comportamiento, antiguas costumbres que debes conocer. Una reina ha de respetar esas normas, y dar ejemplo a su pueblo. Tienes que saber qué son el respeto, el agradecimiento formal, la ley. Sabes de qué te estoy hablando, ¿verdad?

—Ya le di las gracias al príncipe Herbert por su valentía, y...

—El príncipe Herbert de Lom te salvó la vida, y todos nosotros le debemos algo más que un simple

agradecimiento. ¿Comprendes lo que quiero decir?

—Creo que no —respondió Nives, que no entendía a su tía.

La condesa batió las palmas, y, de repente, apareció la delgada figura de Haldorr, que sostenía bajo el brazo un voluminoso tomo con las tapas nacaradas.

Haldorr andaba encorvado, arrastrando los pies, como si le pesaran mucho. Cuando su mirada se cruzó con la de Nives, bajó los ojos hasta la punta de sus zapatos, como si se avergonzara de algo, o quisiera disculparse.

—Querida sobrina —dijo la condesa, y le indicó a Haldorr que abriera el libro y leyera un fragmento—, la ley del Reino de los Hielos Eternos es muy clara en ese punto.

El bibliotecario se aclaró la voz y empezó a leer, muy cohibido:

—Si la princesa del Reino de los Hielos Eternos, libre de todo vínculo o promesa y soltera, se hallara en peligro de muerte y alguien la salvara asegurando de este modo la supervivencia del reino, dicho salvador podrá pedir cuanto desee, y la princesa, en señal de agradecimiento y generosidad, deberá satisfacer su petición...

—¿Petición? —lo interrumpió Nives, en un tono más agudo de lo que hubiese querido—. ¿Qué petición?

—De matrimonio, querida sobrina. El príncipe Herbert de Lom me ha pedido formalmente tu mano.

Nives no respondió, abrumada por las palabras de su tía. Bajó la cabeza, para ocultar las lágrimas que estaban a punto de resbalar por sus mejillas.

«En señal de agradecimiento y generosidad, deberá satisfacer su petición», se repetía Nives.

Se hizo un silencio oprimente y terrible en la habitación.

—Ahora puedes irte, Nives —dijo la condesa, quien odiaba mostrarse tan dura.

La joven hizo una leve reverencia, y salió del dormitorio con un nudo en la garganta. No miró al bibliotecario ni al mayordomo, pues ellos no tenían la culpa. Tampoco la tenía su tía, que se limitaba a seguir las reglas, como siempre había hecho.

La princesa cerró la puerta tras de sí y corrió escalera abajo. Salió al jardín, y siguió corriendo tan rápido como podía.

El llanto brotaba sin cesar, imparable. «¿Por qué a mí, padre? ¿Por qué?», se preguntaba, hecha un mar de lágrimas.

No hallaba respuestas. Sólo tenía ganas de correr muy lejos.

Una raíz que sobresalía la hizo tropezar. Cayó al suelo, con la cara sobre la hierba. Permaneció inmóvil, sintiendo el pulso de la tierra bajo sus mejillas húmedas. Olía a verano. Era su tierra, no podía huir. Tenía que ponerse en pie y luchar.

~*~

El pobre Haldorr estaba muy angustiado. Andaba hacia adelante y hacia atrás por la torre de la biblioteca, agitando las manos y tirándose del pelo.

Al enterarse de que Nives iba a casarse con el príncipe, el gran lobo blanco había ido a verlo.

—¿Te das cuenta, Gunnar? Parece que sea culpa mía. Y no puedo hacer nada. ¡Es la ley! Son nuestras reglas. Y no podemos prescindir de nuestras reglas; son la base de nuestro reino.

Gunnar aulló en voz baja. Estaba de acuerdo con el bibliotecario, al igual que casi todos los habitantes del castillo. Todos conocían las normas de Arcándida, pero nadie iba a felicitar a Nives o a la condesa por esa decisión.

Arla y Erla hablaban del asunto entre el horno y los fogones, aunque cambiaban de tema en cuanto oían pasos que se acercaban. Pero Nives ya no iba a la cocina a por mermelada. La condesa añadía nombres y más nombres a la lista de invitados a la boda. Olafur y los pingüinos trabajaban sin descanso, mientras que Helgi ignoraba lo ocurrido.

—Todo esto es un error, Gunnar —repetía Haldorr—. Ha sido un error desde el principio, desde el primer día en que llegó ese hombre. ¡Ah, ojalá pudieras entenderme!

El lobo se acercó y el bibliotecario le acarició el hocico.

—Sí, ya sé que me comprendes mejor que ningún otro animal.

Gunnar esperó, paciente, a que Haldorr siguiera desahogándose.

—Nunca habíamos tenido una tormenta de nieve como la de estas últimas semanas. Se diría que alguien la ha provocado para dejar Arcándida incomunicada, para aislarnos de los otros reinos.

Gunnar gruñó en voz baja.

—Exacto, amigo: para impedir que otros lleguen y permitirle a alguien quedarse aquí. ¡Una tormenta de nieve y niebla en primavera es algo imposible!

El lobo rozó las piernas del bibliotecario; luego se aproximó a la ventana y miró hacia fuera.

—Eso es imposible, a menos que se utilicen hechizos de nubes y pociones de niebla. ¿Comprendes lo que quiero decir? Tras semanas de nieve, lo he estado pensando, y he investigado. Es algo que antes se podía hacer, pero había que usar libros prohibidos, libros de magia que el Rey Sabio destruyó. Magia negra, Gunnar, magia que debe desaparecer. Magia que ya había desaparecido. En la torre guardamos copias de esos libros, sólo para poder defendernos en caso de que... alguien los siga utilizando. ¡Una tormenta de nieve en primavera! Una vez empiezan las sospechas, ya no hay vuelta atrás, Gunnar.

El lobo enseñó los dientes.

—Entonces empecé a pensar en la invitación que trajo Herbert al llegar. ¿Te acuerdas? Era una de las doce invitaciones que debíamos enviar con las focas mensajeras. ¡Una de éstas! —El bibliotecario le mostró a Gunnar la caja lacada en rojo y turquesa, con once invitaciones en blanco—. No las puedes leer, porque no son para ti. Pero sólo hay once, ¿lo ves? Yo no envié ninguna. ¿Cómo es posible que faltara su invitación? He pensado en ello durante muchos días, y ayer, cuando Calengol apareció..., encontré la solución.

Le enseñó al lobo una pluma roja. Una pluma de cuervo.

—Poco antes de que llegara el príncipe Herbert, Calengol atacó la cocina. Y creo que no lo hizo únicamente para asustarnos.

Gunnar recordaba el ataque.

—Si Calengol sabía lo de las invitaciones, uno de sus cuervos pudo subir a la biblioteca y robar una. No era difícil. Para acordarme de las invitaciones que ya había escrito con tinta de Hekta, anoté en los sobres el nombre de cada destinatario con tinta normal. El cuervo, instruido por Calengol, sólo tenía que coger el sobre adecuado y llevárselo al príncipe, que ya estaba aquí. ¿Cómo llegó? Revisé los barcos que atracaron en el puerto, y Herbert no iba en ninguno de ellos. Apareció así... ¡de improviso!

Gunnar se levantó, muy resuelto.

—Eso significa que Calengol y Herbert, de algún modo, se pusieron de acuerdo, lo cual es terrible. Además, no hay forma de probarlo. No es más que una sospecha ideada por mi mente suspicaz. Herbert de Lom... ¿Ves su nombre en este libro sobre las dinastías de los Cinco Reinos? Es el segundo hijo de la familia Lom. ¡Sólo tiene trece años! Sabía que era joven, pero no tanto... Una vez empiezan las sospechas, ya no hay vuelta atrás. ¡Qué rabia! Si supiera que Nives es feliz, no pensaría en todo esto... Pero ¿qué haces, Gunnar?

El lobo se había subido a la mesa, y había volcado la caja lacada que contenía las once invitaciones. Ahora sujetaba las tarjetas entre sus patas.

—¿Qué?

El lobo cogió el libro de las dinastías de los Cinco Reinos de manos del bibliotecario, lo dejó en el suelo y señaló con la pata el nombre de Herbert de Lom.

Luego se dirigió al escritorio, en busca del frasco de tinta Hekta. Haldorr lo miraba, estupefacto. Parecía que el lobo le hablase.

Gunnar y el viejo bibliotecario lograron comunicarse con gestos.

—Once invitaciones... ¿Quieres que vuelva a escribir la invitación que falta? Para Herbert..., sí. ¿Y que

la envíe? Pero la condesa ha dado orden de cancelar la nueva fiesta de los príncipes, y de organizar el banquete de boda. ¿Cómo? ¿En secreto? ¿Tú y yo? ¡No podemos! Yo soy un simple bibliotecario, Gunnar, y tú..., tú sólo eres... ¡un lobo!

Haldorr miró fijamente a los ojos al lobo blanco y, durante un interminable instante, sintió un escalofrío en la espalda. Era como si hubiera visto algo en sus enormes pupilas.

—¿Quién eres en realidad? —susurró el bibliotecario, impresionado por la mirada de Gunnar.

Y, sin esperar respuesta, se sentó al escritorio e hizo lo que el lobo le pedía.

—Mañana enviaremos la invitación —concluyó Haldorr—. Y veremos qué ocurre.

24

Una visita oficial

Herbert de Lom estaba satisfecho. Por fin, las cosas empezaban a irle bien. Muy pronto, Nives sería su esposa, y Arcándida, su reino. Sabía que en la corte no lo querían, pero no le importaba. Una vez convertido en rey, descubriría el secreto que buscaba.

Una semana después del anuncio, cuando ya se habían mandado las invitaciones de boda, y también la invitación que Haldorr y Gunnar habían preparado en secreto, Helgi se presentó en la corte.

Llegó con una cesta llena de espléndidas naranjas. No sabía nada de la boda. Cuando se enteró, se limitó a sacudir la cabeza, y les dijo a las cocineras, mientras comían los tres juntos:

—Yo creo que no habrá boda.

—¡Tonterías! Todo está listo. Los invitados están a punto de llegar.

—Nives no me ha dicho nada —insistió Helgi—. Y eso, para mí, significa que no habrá boda.

En esos momentos, Nives y el príncipe Herbert estaban hablando con la condesa. Junto a ellos estaba la cesta de naranjas.

—No podemos olvidar nuestros compromisos, ni las promesas solemnes —dijo la condesa Berglind—. Eso sería imperdonable.

Herbert escuchaba en silencio.

—Por eso he pensado que hoy —prosiguió la anciana— haréis vuestra primera visita oficial.

—¿Antes de casarnos? —preguntó Nives, sorprendida.

—Sabes perfectamente que tú, como princesa, debes visitar la aldea al empezar el verano.

—Puedo ir con Gunnar —protestó Nives—, como he hecho siempre.

—No —dijo su tía, sacudiendo la cabeza—. Iréis

con una delegación de la corte, y tú, Nives, le enseñarás la aldea a tu futuro marido.

—¿Hay una aldea? —preguntó Herbert, fingiendo que no lo sabía.

—Sí, príncipe. Está en la otra punta del reino, y tiene pocos habitantes, todos ellos súbditos honestos y leales.

—Me encantará ir. ¿Cuándo salimos?

—Tía... Por favor... —rogó Nives.

—Podéis salir en seguida —repuso la condesa—. Ya llevamos un retraso imperdonable. Y, cuando volváis..., estará todo listo para la boda.

Nives sintió como una fría puñalada en el corazón.

Prepararon a toda velocidad la expedición de las naranjas. Gunnar dio instrucciones muy precisas a sus lobos: debían proteger a Nives de cualquiera, incluido su futuro esposo. Irían seis lobos, con Gunnar a la cabeza, abriendo camino. Herbert montaría su caballo negro y Nives, un corcel blanco. Detrás de ambos, viajaría el trineo dorado con la fruta del Gran Árbol.

Un instante antes de salir, descubrieron a la pequeña Talía, oculta bajo las telas que cubrían la fruta. La niña, sonriente, corrió por el patio mientras el personal de servicio la perseguía. Al final, uno de los lobos de Gunnar logró cogerla.

Nives llegó la última. Al verla en lo alto de la escalera principal del castillo, Talía lanzó un chillido portentoso y agudo, que resonó en el aire claro de la mañana:

—¡Estás guapísima!

Nives llevaba un vestido blanco y dorado, con la falda muy ancha y un corpiño ajustado, bordado en oro. Las mangas, también ajustadas, terminaban en punta sobre el dorso de sus manos esbeltas. Llevaba el pelo recogido en un complicado moño, sujeto con horquillas de piedras preciosas, y, por delante, con una pequeña corona de diamantes. Parecía una auténtica reina.

La condesa estaba emocionada, feliz. Desde la torre de la biblioteca, Haldorr admiraba la belleza de Nives con los puños apretados, disgustado por no haber podido eludir el severo protocolo real. Detrás de la ventana de la cocina, Arla y Erla suspiraban, como dos parientes afectuosas.

Nives montó en su caballo blanco, sin decir palabra. No hubo aplausos, ni felicitaciones. La expedición se puso en marcha.

Hacía sol. Las tormentas de nieve no eran más que un recuerdo lejano. El príncipe y la princesa viajaban uno junto al otro, siguiendo la costumbre del reino.

De vez en cuando, Nives le contaba a Herbert alguna anécdota sobre los lugares por donde pasaban. En numerosas ocasiones, era él quien preguntaba.

Dejaron atrás el puerto y las montañas del Gran Árbol, y tomaron el Camino de los Reyes para dirigirse hacia el interior del reino, a la Meseta Oriental. Desde hacía siglos, allí brotaba a intervalos regulares el gran géiser. El Aliento del Mundo apuntaba al cielo. El padre de Nives le había dado ese nombre, pues le encantaba contemplarlo cuando reinaba entre los hielos. La expedición se dirigía lentamente hacia el oeste.

Cruzaron varias llanuras, y fueron ascendiendo hacia la Meseta Oriental.

El Mar de las Travesías brillaba en el horizonte, surcado por enormes icebergs azules, los Centinelas, que parecían montañas en movimiento. A lo lejos, en dirección este, se veían columnas de humo subiendo hasta el cielo.

—Son los tres Grandes Volcanes —explicó Nives,

quien conocía a la perfección su reino—. El mayor se llama Hekta, y tiene dos erupciones de cenizas y lava al año. El segundo volcán es Bredan, más tranquilo, aunque también entra en erupción. El de abajo es el tercero, Turos, que llega hasta los hielos. Una vez, alcancé a ver la lava desde lejos. Era roja como una piedra preciosa, y líquida como el mar.

—Imagino que por allí no vive nadie.

—Aparte de la aldea y el puerto, no hay más lugares habitados. Hace tiempo, ahí abajo —dijo Nives, y señaló un punto lejano, hacia el sur—, había un gran bosque, pero quedó destruido durante la guerra. Y los grandes árboles desaparecieron del reino.

—¿Vivía alguien ahí?

—Sí. Los habitantes del bosque no quisieron abandonar sus viviendas. Murieron todos, excepto uno, que vivió hasta hace unas semanas. La criatura a quien mataste: Calengol. Consideraba a mi padre responsable del incendio, y había jurado vengarse.

—¿Y no fue culpa de tu padre?

—¡No! Fue un caballero del Viejo Rey quien incendió el bosque. Pero ¿qué sentido tiene hablar de esto ahora? Lo pasado, pasado está.

Una visita oficial

Al atardecer, la delegación llegó a la aldea. El paisaje cambió radicalmente en la última parte del trayecto. Las vastas llanuras dieron paso a colinas pedregosas, y a gargantas de roca lávica, que se sucedían hasta alcanzar el mar. En la cima de una loma, un grupo de casas, delimitado por un recinto de piedra negra, constituía la pequeña aldea. Un valle de piedras, dividido por un río glacial, impetuoso y gris, conducía a

una inmensa extensión de hielo. Y enfrente se hallaba el Mar Inmóvil, el mar quieto del norte, azul y reluciente.

—Póntelas —susurró Nives, y le tendió al príncipe unas gafas forradas con una red metálica, que protegían del reflejo solar—. No es fácil acostumbrarse al mar de hielo.

Salió a recibirlos el jefe de la aldea, un hombre pequeño y delgado, con una mirada directa y sincera. Mantenía sus grandes manos juntas, y se las frotaba como si fueran piedras de sílice.

—Bienvenidos —dijo, en tono solemne.

Y lo sentía de veras. Para él fue un honor ayudar a la princesa a desmontar. Después, llamó a un mozo para que se ocupara del animal.

—Qué alegría estar aquí —repuso Nives, y le tendió la mano al jefe.

El príncipe, silencioso, desmontó solo, y le dejó al mozo las bridas de su caballo.

Los habitantes de la aldea observaban a Herbert con curiosidad, y esperaban a que Nives se lo presentara, de modo que la princesa se vio obligada a complacerlos.

—Aldeanos, hoy estoy aquí por un motivo especial. Él es el príncipe Herbert de Lom, mi prometido.

Lo dijo de un tirón, sin pensar en el nudo que tenía en el estómago. Todos aplaudieron y mostraron su alegría.

—¡Tenemos que celebrarlo! —gritó el jefe de la aldea a su gente.

Descargaron las naranjas del carro a toda velocidad, dispusieron la fruta en platos de madera y colocaron mesas de piedra alrededor de la plaza.

Avivaron el fuego con ramas y carbón vegetal, y lo atizaron hasta que las llamas alcanzaron la altura de los tejados. Algunas mujeres cogieron pescados de las cestas, y los pusieron en una gran parrilla, sobre el fuego.

Por turnos, los hombres de la aldea se presentaron al príncipe Herbert, y cada uno le contaba la pequeña historia de su vida cotidiana. El príncipe escuchaba con paciencia y fingido interés.

Una mujer se acercó a Nives.

—Sería un gran honor para mí, princesa —dijo—, enseñaros a mi pequeño.

Nives la siguió hasta una modesta casita. El recién nacido dormía en una cuna de tela. Cuando la princesa se acercó, sus ojitos claros se abrieron de golpe, y su boca desdentada formó una preciosa sonrisa.

—Es la bienvenida más dulce que he recibido —comentó Nives, y le dio un beso al niño—. Eres una mujer con suerte.

—Espero que vos tengáis la misma suerte, princesa.

Sin decir nada más, y con un extraño nudo en el estómago, Nives regresó a la plaza. El pescado ya estaba listo, y despedía un olor ahumado. El jefe de la aldea poseía un violín rudimentario, con el que solía amenizar las noches veraniegas alrededor del fuego. Se lo puso hábilmente bajo el mentón, y levantó el arco, una vara con un tendón de animal atado a los dos extremos.

Cuando rozó las toscas cuerdas con el arco, el instrumento emitió un sonido agudo y melancólico. Una mujer, con su voz suave, lo acompañó en un canto rítmico y melodioso sobre el frío, la nieve y el viento.

La canción hablaba de un niño que no regresó jamás a su casa, y que ahora corría con los lobos.

El canto parecía salir de las profundidades de aquella tierra fría, con la fuerza, el calor y la energía de un volcán en erupción.

Y, si los lobos pudieran llorar, esa noche Gunnar lo habría hecho, pues la canción hablaba de él.

25
Regreso a Arcándida

Gunnar despertó sobresaltado, como recién salido de un pozo negro.

No dormía tan profundamente ni tenía un sueño tan intenso desde hacía mucho tiempo. Miró a su alrededor y vio bajo las mantas la silueta de Nives, que se movía ligeramente. La princesa estaba soñando algo que no le gustaba, pues tenía el ceño fruncido y una expresión preocupada.

El lobo se acercó con sigilo a ella y la despertó dándole suaves golpecitos con el hocico.

—Gunnar, ¿eres tú?

El gran lobo blanco la observó. Conocía a la princesa mejor que nadie, y la conocía desde pequeña. La había visto crecer, convertirse en una mujer adulta, cada vez más hermosa, mientras él, atrapado por el hechizo que le había salvado la vida, se iba volviendo gris en su piel de lobo.

—He soñado con mi padre —confesó Nives, y sacudió la cabeza para alejar esos pensamientos—. Era un sueño bonito, pero, de repente, ha empezado a ser horrible.

Un insecto azul cobalto voló lejos de ellos. Gunnar lo vio desaparecer en el cielo claro que anunciaba el amanecer, y se olvidó de él.

Nives apartó las mantas y se sentó sobre ellas.

—¿No me estarás ocultando algo? —le preguntó al lobo, acariciándole la enorme cabeza—. ¿Te quedarás siempre conmigo?

Él asintió.

—Hay algo de mí que no sabes —susurró la joven—, algo que ocurrió hace años. Poco antes de morir, mi padre me enseñó un breve poema, y me advirtió que debía protegerlo con mi vida. Me dijo que esos versos contenían el secreto y la armonía del Gran Reino. Y dijo que el poema debía ser mío y sólo mío. Y que sólo podría compartirlo con el hombre... ¡oh, cielos! —exclamó Nives, al oír unos ruidos que venían del exterior de la tienda—... con el hombre a quien amara.

Gunnar se acercó a ella, y Nives lo abrazó.

—No quiero que Herbert conozca el poema de mi padre —murmuró Nives—. Él no es el hombre a quien amo. Sólo es el hombre con quien me veo obligada a casarme.

Gunnar le dio suaves golpecitos con el hocico.

—No tengo ninguna obligación de enseñarle el poema. Y él nunca lo descubrirá. Está en un lugar seguro, en Arcándida, en mi refugio secreto. —Nives levantó tres dedos de la mano derecha, y dijo—: Pacto de tres. No puedo decírselo a nadie. Ni siquiera a ti, Gunnar. Si lo hiciera, Tina y Talía se enfadarían.

Más tarde, salieron de la tienda, dieron las gracias a los aldeanos y prometieron visitarlos de nuevo tras la boda.

~*~

Emprendieron el camino de regreso a Arcándida, un trayecto más silencioso que el de ida, pues cada uno iba enfrascado en sus pensamientos.

Una vez en el castillo, empezó una larga espera.

Los días transcurrían lentos e inexorables. Nives pasaba el tiempo encerrada en su habitación, escribiendo y leyendo. Tina y Talía intentaban hacerla sonreír, pero la joven siempre tenía una expresión resignada. Era como si la inminente boda le hubiese quitado la alegría de vivir.

La condesa supervisaba minuciosamente las mesas del banquete, y Olafur iba tras ella, ejecutando sus órdenes con diligencia.

Gunnar contemplaba el mar, y esperaba recibir buenas noticias muy pronto. También pasaba mucho tiempo en la biblioteca, pues deseaba averiguar más detalles sobre el poema que había mencionado Nives. Pero, como no podía hablar de ello con el bibliotecario, era casi imposible que descubriera algo.

Sólo había una forma de llegar a saberlo todo: comunicarse con Nives.

~*~

Llamó a su puerta con tanta insistencia que asustó a la joven.

—¿Qué ocurre, Gunnar? ¿Qué quieres?

El lobo blanco se dirigió a la mesilla de noche de la princesa y sujetó entre las patas el libro que ésta leía todas las noches: *Pequeños poemas para ir a dormir*.

—¿Qué haces?

Gunnar le acercó el libro.

«El poema —pensó el lobo—. El poema, Nives. Quiero saber cuál es el poema de tu padre.»

—¿Quieres que te lea un poema, Gunnar?

El lobo negó con la cabeza. Asió con delicadeza la mano de Nives y la condujo por los pasillos de Arcándida, hasta el salón del trono. Irrumpió en la estancia, y la guió hasta el trono. Entonces empujó el libro con el hocico.

—¿Gunnar...? ¿Qué me...? ¿Qué me estás diciendo?

«Poemas y nanas. Sueños. Tus sueños. El poema», pensaba el lobo.

De pronto, Nives comprendió.

—¿Acaso me estás preguntando por el poema de mi padre?

Gunnar aulló.

—Pero ¿por qué?

El lobo blanco gruñó en voz baja.

—¿Crees que... está en peligro?

Él comenzó a excavar en el hielo, a mover las alfombras.

—Nadie puede haberlo encontrado. No...

Nives recordó lo que le había contado Talía unas semanas atrás: la niña sorprendió al príncipe Herbert en la cocina, repitiendo una extraña cantinela.

Una cantinela, una estrofa, un poema.

—Oh, no —murmuró.

Sin decir nada más, abandonó el salón y subió al último piso, con Gunnar pisándole los talones. Entraron en el desván por una puerta tan pequeña que Gunnar tuvo que arrastrarse por el suelo. En cambio, Nives avanzaba segura, a cuatro patas.

Llegaron a una segunda puerta, la abrieron y se adentraron en un pasadizo muy estrecho. Hacía frío. Y estaba oscuro, a excepción de algunas rendijas de luz que se filtraban a través del hielo.

Nives se detuvo ante un panel metálico negro, encadenado a la pared para reforzar los muros del castillo.

Lo golpeó tres veces, aguardó un instante y golpeó tres veces más.

El panel vibró ligeramente, chirrió un poco y se abrió hacia un lado. Entraron en un cuarto diminuto.

Dentro estaba muy oscuro, pero, tras unos minutos, empezaron a distinguir varios objetos, que parecían formar parte de una colección olvidada. Era el tesoro de Nives.

—Está aquí... Ahora verás —susurró la princesa.

Con mano experta, identificó los objetos en la penumbra. Fue directa al segundo estante empezando por abajo, y comenzó a buscar a tientas. Tocó un estuche redondo de piel, en forma de cilindro, y lo cogió. Le quitó el polvo con la mano.

—Es éste —le dijo al lobo—. ¿Quieres que lo abra?

Gunnar asintió.

Nives desenroscó la tapa, y sacó un pequeño cilindro de cobre. Dentro del mismo había una lámina de plata, tan fina como una hoja de papel de seda.

—Todo perfecto, Gunnar. El poema está aquí.

El lobo suspiró, aliviado, y se sentó junto a su dueña.

—¿Creías que ya no estaba?

Él apoyó su enorme pata sobre la mano izquierda de la joven y, con increíble delicadeza, le acarició el dedo anular con su garra.

Nives comprendió de inmediato qué le estaba diciendo el lobo.

—¿La boda? ¿Herbert? ¿Crees que su intención es conseguir el poema?

Gunnar miró la lámina con ojos brillantes. Ignoraba cómo era el poema, pero sabía que era un secreto. El secreto del Reino de los Hielos Eternos.

—Yo... yo siempre lo he sospechado... Pero nadie me creía, ni siquiera mis primas.

Nives recordó la noche que siguieron al príncipe, y cómo se comportó él en la aldea, atento y protector, afable y complaciente, como un marido perfecto. La princesa miró el viejo estuche que contenía la hoja de plata. Era su tesoro, lo más valioso y querido que poseía.

—No lo conseguirá —dijo, sentada en el suelo del desván secreto, junto a su fiel lobo blanco.

Nives estaba segura de que el poema era importante. Siempre lo había sabido. La Canción del Sueño era muy antigua, y otorgaba un gran poder a quienes la conocían. Tenía cinco estrofas, cinco poemas breves. Nives, princesa del Reino de los Hielos Eternos, sólo poseía una de ellas. Las demás las guardaban sus hermanas.

Según el rey, su padre, el poema contenía la energía necesaria para que los habitantes del Gran Reino, animales, plantas, hombres y criaturas fantásticas, convivieran en perfecta armonía. Pero, al mismo tiempo, ocultaba un poder oscuro, algo que Nives no había conocido, aunque sabía que constituía un peligro para su reino, y también para los reinos de sus hermanas.

Al suprimir la magia y los hechizos de los Cinco Reinos, su padre le había dicho: «Hija mía, lo que aporta riqueza es la fantasía, no la magia. La magia sólo es engaño y falsedad. No la uses nunca».

—Oh, papá —susurró Nives—. ¡Cuánto te echo de menos! ¡Me gustaría tanto que estuvieras aquí!

La joven miró a Gunnar, y acarició su pelo blanco y tupido. Su padre le había dicho que sólo podría repetir el poema ante el hombre de quien se enamorara, el hombre con quien fuese a compartir el trono de Arcándida.

—Ojalá fueras tú ese hombre, Gunnar. Ojalá pudieras hablarme —sollozó la princesa, que quería al lobo con todo su corazón—. Escúchame bien, Gunnar. Tienes que saber...

Nives canturreó en voz muy baja el poema. Las palabras volvieron a su memoria, como los restos de un barco tras un naufragio. Y, de pronto, estaban todas ahí, como soldados en fila, cada una en su sitio, pues sólo así funcionaban, sólo así conservaban toda su fuerza.

Reina del sueño profundo,
soberana de la calma del mundo:

Fantasía, te invoco desde tierras heladas,
utiliza tu poder sin trabas.

Y que el tirano duerma un sueño eterno,
mientras florecen los Cinco Reinos.

Las pronunció con intensidad conmovedora una sola vez, pues se arriesgaba a que alguien la oyera.

Fantasía, calma y paz. Eran los versos de la armonía, del poder positivo que debía mantener unido el Gran Reino.

—Mi padre la llamaba la Canción del Sueño —murmuró Nives, señalando la hoja de plata.

Un orfebre había grabado en la hoja los versos que acababa de cantar.

Gunnar no lo comprendía. No sabía, no podía saber. Su corazón latía muy aprisa, y el grito de Alifa resonaba en su mente:

—¡No puedes decirle a nadie quién eres! ¡No puedes!

26
Llegan los príncipes

La boda debía celebrarse al cabo de tres días.

Habían encontrado información sobre el rito del frío y la lava en los anales de la biblioteca, y Haldorr, a regañadientes, dirigía los preparativos del mismo. Necesitaban un pedestal de hielo, una placa de oro con los nombres de los novios grabados y un fuego de leña para derretir el hielo.

Arla y Erla revoloteaban por la cocina, discutiendo acerca de lo que debían hacer, como siempre.

—Estoy harta de escucharte —dijo Erla, muy alterada—. En esta ocasión pienso cocinar el pavo a mi manera: ¡asado!

—Como quieras, pero tardará demasiado en hacerse —la provocó Arla, para hacerla cambiar de opinión.

—Y tú, que eres tan lista, ¿qué propones? —replicó Erla.

Y se limpió las manos en su delantal, más blanco que la nieve. A diferencia de su hermana, lo lavaba puntualmente cada día, y Erla siempre le tomaba el pelo por eso.

—Yo propongo hacerlo hervido.

—¿Hervido? Pero ¿qué dices? ¡El pavo nunca se prepara hervido!

—¿Cómo que no? Mamá siempre lo hacía así. Lo que pasa es que tú, en vez de echar una mano en la cocina, debías de estar ganduleando por ahí.

Sin duda, Erla era la más relajada de las dos y, cuando Arla se enfadaba, siempre le reprochaba a su hermana esos momentos de evasión.

—Pues mira, si fue así, eso significa que yo, al menos, me divertía. Pero no recuerdo haber comido nunca pavo hervido —insistió Erla.

—Ya, porque no te enteraste. Tienes el paladar tan fino como la boca de un volcán.

—¿Siempre tienes que saberlo todo? ¡Basta ya! Me tienes harta. Prepáralo tú, y hazlo como quieras.

Entonces Erla se quitó el delantal y lo lanzó sobre la mesa enharinada, levantando una nube blanca. Arla sacudió la cabeza, y cogió una cazuela grande para hervir el pavo.

—¡Cuánto jaleo para nada!

Mientras, en los establos, cuatro pingüinos, subidos a

sus escaleras de mano, cepillaban el negro caballo del príncipe, que iba a salir de cacería. Olafur le estaba limpiando las botas y la escopeta de caza.

Cuando todo estuvo listo, Herbert, equipado para la ocasión, se puso la capa y salió al patio. Vestía un pantalón de terciopelo azul, que le llegaba hasta la rodilla, y una chaqueta con los hombros anchos y el cuello estrecho, cerrada con nueve alamares dorados.

Su traje poco tenía que ver con el Reino de los Hielos Eternos, pero, desde luego, era muy elegante. La parte superior de la camisa, de color marfil, ceñía el poderoso cuello del príncipe. Sus impecables botas llevaban unas hebillas de oro que resonaban a cada paso. A un lado del cinturón colgaba su espada, al otro, unos guantes oscuros.

Herbert miró hacia la ventana de Nives, y le hizo una reverencia. Presentó sus respetos a la condesa, que había salido a despedirlo, y les alborotó el pelo a Talía y a Tina, mientras éstas corrían por el jardín chillando, entre risas. Luego montó su caballo.

Nives sintió una gran opresión en su interior. Cuando el príncipe llegó a la cancela y el puente levadizo lo dejó pasar, la joven deseó que no regresara. No quería que le sucediera nada malo. Sólo quería que desapareciese para siempre de su vida.

Nives cerró los ojos. Y rogó para que su deseo se cumpliera.

~*~

Pocas horas después de que se fuera el príncipe, uno de los centinelas que vigilaban el castillo anunció la llegada de varios forasteros a caballo.

—¡Oh, cielos! —exclamó la condesa, saltando por el salón como si se hubiera tragado un muelle—. ¡Ya llegan los primeros invitados! ¡Rápido! ¡Aquí y allá! ¡Arriba y abajo! ¡Todo debe estar listo! ¡Olafur! ¿Dónde está Olafur?

Al enterarse de que llegaban invitados, Haldorr, con sus largas piernas esqueléticas, subió hasta lo alto de la torre de la biblioteca. Una vez allí, se asomó y, luchando contra el vértigo, logró exclamar:

—¡Por las barbas del rey! ¡Ya están aquí!

Gunnar dio orden de mantener abierto el puente levadizo, y esperó a que el pequeño grupo llegase al patio. Olafur se reunió con él.

Llegan los príncipes

La delegación de desconocidos cruzó el puente, y se oyó un gran ruido de caballos y jinetes. Los hombres que iban en cabeza desmontaron, y miraron con sorpresa al mayordomo y al lobo que los esperaban.

El primero en hablar fue un joven con el pelo largo, cobrizo, y el rostro del mismo color.

—Soy el príncipe Kabadi, del Reino de Arena. Me han invitado a la boda de la princesa Nives. —Luego

señaló a los hombres que lo seguían, y dijo, con tono resuelto—: Y éste es mi séquito.

—Bienvenido a Arcándida, príncipe Kabadi —lo saludó Olafur, muy cortés—. La condesa Berglind os espera en el Salón de las Centellas, subiendo esta escalera. El pingüino os acompañará. Vuestro séquito puede seguir a los lobos, por aquí, e instalarse en los pabellones de invitados.

Después se presentaron los demás: el príncipe del Reino de los Bosques y el príncipe de las Grutas Encantadas, en el Reino de la Tierra Profunda. También los gemelos del Reino de los Corales, que llevaban cajas de conchas, y el príncipe de las Hadas, sentado sobre un minúsculo joyero volador. El príncipe de los Ogros lamentaba a través de una carta no poder asistir, sin embargo, según decía, ningún barco era capaz de transportar su peso de un lado a otro del Mar de la Fantasía.

Cada vez que se presentaba un príncipe, Gunnar se sentía decepcionado. Y, por si fuera poco, el último invitado no era más que un chiquillo imberbe.

Era muy joven, con el cabello largo hasta los hombros y un rostro dulce, de músico. Había viajado hasta allí acompañado de su tío y tutor, quien se ocupaba de su bienestar.

—Soy el príncipe Herbert de Lom —declaró el chico con orgullo.

Por primera vez en su vida, el impasible Olafur tartamudeó, indeciso:

—Ah... Bien... bienvenido, príncipe Herbert de Lom.

Y le indicó, temblando, la escalera para subir al castillo.

Ese príncipe de Lom no tenía nada que ver con el hombre que, desde hacía semanas, vivía en Arcándida con el mismo nombre.

Gunnar aulló para llamar a sus lobos.

Y, un instante después, desapareció.

~*~

—¿Lo habéis oído? ¡Un impostor! —exclamó Olafur, al entrar corriendo en la cocina, algo que no había hecho jamás en la vida.

—Pero ¿qué pasa? ¿De qué hablas?

—¡Herbert! ¡El príncipe de Lom! ¡No era él! El verdadero príncipe ha llegado hoy. ¡Y es un niño!

—¡Ya lo decía yo! —suspiró Arla—. ¡Ése no es más que un engreído!

—¿Cómo que ya lo decías? ¡Tú no decías nada!

—Erla, por favor. Siempre he dicho que ese tipo no me gustaba.

—Bah... Si te postrabas a sus pies siempre que te miraba.

Las dos cocineras siguieron discutiendo un rato, y luego empezaron a hacerle preguntas al mayordomo:

—¿Y la condesa? ¿Y la boda? ¿Y Nives? ¿Qué dicen? ¿Qué hacen? Y nosotras ¿qué debemos hacer?

Olafur sacudió la cabeza, sin saber qué decir.

—Están abajo, en el salón —respondió—. No sé... Creo que... están hablando, y quizá...

Arla se asomó a la puerta de la cocina para escuchar, y dijo:

—Oigo la voz de la condesita Tina. —Y, tras oír un agudo chillido, añadió—: Y también la de su hermana Talía.

Los tres sirvientes se quedaron escuchando. Al cabo de unos instantes, se miraron, estupefactos.

—Me equivoco o... ¿se están riendo? —preguntó Olafur.

~*~

El mayordomo no se equivocaba.

La condesa, la princesa Nives y sus primas se estaban desternillando de risa.

Se habían reunido en la antesala del Salón de las Centellas, donde los invitados esperaban para conocerlas, e intentaban decidir cómo debían comportarse.

—La pregunta es —dijo la condesa, frenética y azorada—: ¿quién habrá invitado al verdadero Herbert de Lom?

El bibliotecario Haldorr, que también estaba allí, no dudó en contestar:

—Fui yo, condesa.

—¿Tú? —preguntó Nives, sorprendida.

La joven se sentía eufórica, asustada y muy feliz.

—¡Haldorr! —gritó la condesa—. ¿Cómo te atreviste a hacerlo? ¡Me has desobedecido!

—Lo siento, condesa —se disculpó el bibliotecario, bajando la cabeza—. No debí hacerlo.

—Pero, por suerte, ¡lo hiciste! —dijo Nives, abrazándolo.

La condesa miró de soslayo a Haldorr, dándole a entender que ya hablarían a solas del asunto, pero decidió no castigarlo.

—¡Bieeeen! —chilló Talía, encantada de que alguien más desobedeciera sin ser castigado.

—¡Qué gran noticia! —exclamó Tina, a quien le entusiasmaban aquella clase de intrigas—. Y ¿ahora tienes que casarte con el nuevo Herbert de Lom? ¿O tal vez con el otro?

—Con ninguno de los dos, espero —rió Nives, y a continuación miró a su tía, alarmada, y preguntó—: ¿No es cierto?

—No lo sé... En las invitaciones... no venía el nombre del novio. ¿O sí? ¡Oh, cielos! Ya no me acuerdo. ¡Llamad a Olafur!

Y entonces se desmayó, cayendo sobre el sofá de la sala con precisión milimétrica.

Tina corrió a llamar al mayordomo, y su hermana le dijo a Nives, guiñándole un ojo:

—Te has librado de una buena.

—Sí, me he librado, pero... puede que aún no haya terminado.

—¿Y qué más puede ocurrir?

—No lo sé —repuso Nives, y se acercó a la ventana—. El falso príncipe Herbert sigue ahí fuera, y está libre...

—Pero Gunnar y sus lobos van tras él —rió la niña—. ¡No logrará escapar!

Nives recordó las noches insomnes, que la habían dejado agotada, la tormenta de nieve, la horrible sonrisa de Calengol mientras la ahogaba en la cama, los cuervos rojos y todo el horror que había soportado hasta ese momento.

—Sí, Gunnar va tras él —repitió, más cerca de la ventana—. Mi querido Gunnar...

E intentó ahuyentar un mal presentimiento.

27

La cacería

Los lobos no tardaron en encontrar huellas del falso Herbert y su caballo. Aún estaban frescas, y eran fáciles de identificar. Se dirigían al norte, a las primeras colinas.

Eran huellas en línea recta, de una persona que avanzaba segura, en una sola dirección. Más adelante, las huellas de los cascos eran más confusas, como si el príncipe hubiera cambiado varias veces de dirección. Cuando las colinas empezaron a ser más altas, y las capas de hielo y tierra blanda que las cubrían se transformaron en pedregales, las huellas desaparecieron. A una orden de Gunnar, los lobos se separaron para rastrear mejor la zona.

La cacería

Gunnar corría, con el hocico pegado al suelo, atento a la más mínima señal de que Herbert hubiera pasado por allí. Piedras, grava, raíces, nada ralentizaba su marcha.

«No permitiré que vuelvas a Arcándida. No le harás daño a Nives», pensaba Gunnar.

Se oyó un aullido, a lo lejos.

Gunnar se detuvo y a continuación volvió sobre sus pasos. Uno de los lobos había localizado un rastro a la altura del Tronco Negro, el esqueleto de un viejo

árbol centenario del Bosque Fulminado, partido por un rayo.

En respuesta al aullido, unas aves posadas en las ramas altas del Tronco Negro emprendieron el vuelo.

Gunnar las reconoció.

Eran los cuervos rojos.

~*~

El Tronco Negro estaba en un cruce de cuatro senderos.

Gunnar observó la única huella de un casco herrado de caballo grabada en la tierra y decidió seguir un camino intrincado, que dividía en dos el sendero cubierto de grava, situado a la izquierda del árbol. Si la memoria no le fallaba, aquel sendero ascendente terminaba en una pequeña llanura, con un gran lago helado, rodeado de montes pedregosos.

Ordenó a sus lobos que siguieran los tres senderos que se abrían ante ellos. Los animales lo miraron, para preguntarle cuántos debían subir al lago con él. Gunnar respondió que iría solo, y después observó la altura del sol. Al cabo de poco rato, el príncipe daría media vuelta a su corcel y regresaría al castillo. Aunque si alguien le había dicho que el verdadero príncipe de Lom había llegado a Arcándida, era probable que no volviera, y, en tal caso, dejar pasar una noche podía significar perder su rastro para siempre.

No tenían mucho tiempo para encontrarlo. «¡Tenemos que darnos prisa!», pensó Gunnar.

Las piedras del camino se le clavaban en las patas, pero Gunnar seguía galopando a toda velocidad, con toda la fuerza que poseía su cuerpo. En menos de una hora, alcanzó la llanura y el lago helado. La primavera había empezado a derretir la capa de hielo que lo cubría, y, en sus orillas, el agua corría libre y reflejaba la luz del sol.

Gunnar olfateó el aire.

Líquenes, hierbas húmedas que crecían en la tierra. También olía a animal, a caballo.

Fue siguiendo el rastro, muy pegado al suelo, y bajó hacia el lago. Herbert había pasado por allí.

Gunnar se detuvo junto a la orilla. Alrededor del lago asomaban hierbas pantanosas, cuyos tallos se hundían en la tierra negra y fangosa. Multitud de insectos se elevaban, formando nubes que la cola de Gunnar no conseguía espantar.

El olor a tierra predominaba sobre cualquier otro, y el

lobo intentó en vano seguir el rastro olfativo del caballo de Herbert.

También buscó marcas de cascos o bien de botas en el barro.

Nada.

«¿Por qué te escondes, príncipe Herbert? —se preguntó el lobo, mirando en derredor—. ¿Por qué has venido al bosque?»

Tiempo atrás, cuando aún existía el gran bosque, en el Reino de los Hielos Eternos había muchos animales: ciervos, caribúes, ardillas blancas, aves que ponían todo tipo de huevos, pequeños depredadores y osos grises. Sin embargo, ahora la llanura sólo era una extensión de hielo, y los aldeanos cuidaban de los pocos renos que habían sobrevivido.

En cuanto a las aves...

Gunnar creyó entrever un batir de alas en la otra orilla del lago, donde el hielo bordeaba las rocas, como si fuera una lengua de serpiente.

Y estaba casi seguro de haber visto cómo dos cuervos alzaban el vuelo por detrás de unas rocas negras muy erosionadas.

«Cuervos... Haldorr tenía razón», pensó el lobo, y

prosiguió al galope, mientras el sol descendía con lentitud.

Cuando Gunnar dejó atrás las rocas negras, un disparo de escopeta retumbó por todo el valle.

El lobo blanco, muy concentrado en seguir el rastro, había olvidado por completo que el príncipe iba armado. Instintivamente, se hizo a un lado, pero fue demasiado lento. Sintió mil agujas clavándosele en la pata posterior, y cayó, sin aliento.

¡El príncipe Herbert lo había herido!

Se quedó inmóvil, en el suelo. Luego, al ver que no ocurría nada, intentó mover la pata lastimada. Se levantó, muy despacio, pero le resultaba imposible apoyarla en el suelo.

El segundo disparo no le dio de puro milagro. Gunnar sólo vio piedras que le saltaban al hocico.

Se tambaleó hacia adelante, moviendo con dificultad la pata herida. De pronto, unas alas batieron por encima de su cabeza. Gunnar miró hacia arriba, entre las rocas, y, al fin, lo vio.

Las grandes piedras que habían caído rodando desde la montaña ocultaban la entrada de una cueva. Un grupo de cuervos revoloteaba ante la misma, rodeando al príncipe Herbert. El hombre se apoyaba en la escopeta, como si fuera un bastón.

—Esa herida tiene mala pinta, Gunnar —dijo en voz alta, para que el lobo lo oyera—, debe de ser muy dolorosa.

Gunnar avanzó, y emitió un gruñido.

—Bienvenido a la caverna de... ¿cómo lo llamáis en Arcándida? Ah, sí, ¡Calengol! —El príncipe Herbert rió—. Yo lo llamaba... mi estúpido sirviente.

Gunnar llegó hasta una roca, y, lentamente, se agachó tras la misma, resollando. Su pata herida empezó a teñirse de rojo.

—¡Ah! Cuántas noches he vagado por el castillo, buscando el mejor camino para llegar a la habitación de Nives. Por eso conozco muy bien todos los pasillos y entradas, y las paredes más fáciles de escalar. ¡Un plan perfecto!

Los cuervos volaban nerviosos en torno a Herbert.

—¡Fuera, cuervos! ¡Fuera! ¡No soy vuestro dueño! ¡Vuestro dueño ha muerto!

Gunnar contempló la entrada de la gruta desde su escondite. Según parecía, a los cuervos no les gustaba nada la presencia de Herbert.

—Sólo cometí un error —continuó el príncipe, tras alejar a los cuervos—, un grave error: no deshacerme del fiel lobo blanco de la princesa. Pero, como ves, aún estoy a tiempo de hacerlo.

El príncipe dejó la escopeta en el suelo, cogió la espada y bajó hacia las rocas.

—Nunca he sido bueno con la espada —siguió diciendo—. Mi padre siempre me lo reprochaba. Pero ¿qué estoy diciendo? Yo no conocí a mi padre. ¿Y sabes por qué, lobo? ¿Lo sabes? Pues... porque alguien me impidió conocerlo. Alguien muy... muy... poderoso.

Las piedras crujían bajo las suelas del príncipe, mientras punzadas de dolor recorrían la pata de Gunnar.

—¿Dónde te escondes, maldito lobo? ¡Sé que estás herido! ¡Sal de ahí! ¡Da la cara si te atreves!

Gunnar cerró los ojos. Sintió que la mente empezaba a quedársele en blanco. Jamás creyó que ocurriría algo así.

Con gran esfuerzo, se puso en pie y salió de su escondite.

El príncipe Herbert estaba a diez pasos de él, y el filo de su espada brillaba a la luz del sol.

Gunnar lo había visto luchar con Calengol, y sabía que Herbert era fuerte. En cambio, él se sentía cada vez más débil.

—Muy bien, maldito lobo, muy bien —exclamó el príncipe al verlo—. Terminemos de una vez. De hombre a hombre.

«Bien dicho: de hombre a hombre», pensó Gunnar.

Y saltó. El príncipe se hizo a un lado y esquivó su zarpazo. Al tocar el suelo, la pata herida de Gunnar le lanzó una descarga de dolor que paralizó por un instante su cuerpo. Herbert atacó con la espada y le rozó el pelo por detrás de las orejas. Gunnar lo esquivó, retrocedió y luego se abalanzó de nuevo sobre Herbert.

Y volvió a fallar. Era lento, y el príncipe se movía rápido.

Herbert blandió su espada, buscando el mejor momento para atacar.

Gunnar debía ser rápido, mucho más rápido. Se le nublaba la vista, mientras el príncipe reía:

—¡Venga! ¡Acércate!

Gunnar atacó, con la cabeza gacha. El príncipe lo rozó. Los colmillos del lobo mordieron ferozmente la hebilla de la bota derecha de Herbert.

El príncipe consiguió liberar su bota de los dientes de Gunnar, y entonces el lobo se abalanzó sobre él hecho una furia, sacando sus últimas fuerzas.

Pero Herbert estaba preparado. Blandió la espada una, dos, tres veces. Gunnar las esquivó todas, pero con el último movimiento el filo le alcanzó la pata herida. El lobo retrocedió, confuso ante la velocidad de su atacante. De pronto, su pata parecía de madera, y le hizo per-

der el equilibrio. En un solo instante, el animal, antes fiero, cayó sobre la grava, incapaz de moverse.

El príncipe, como una sombra negra, apareció sobre Gunnar, y alzó la espada hacia el cielo, dispuesto a clavársela.

El lobo intentó agitar las patas para detenerla, pero en seguida comprendió que no tenía ninguna posibilidad de salvarse.

Todo había terminado.

Pensó en Nives, en el Reino de los Hielos Eternos, en la Canción del Sueño.

Soñaba con poder abrazarla algún día.

Y esperó... la muerte.

Pero, de repente, los cuervos atacaron al príncipe. Los seis cuervos rojos de Calengol clavaron sus garras en los guantes y los dedos de Herbert.

El príncipe gritó, más de sorpresa que de dolor, y dejó caer el arma. La espada rebotó en las rocas mientras los cuervos, enloquecidos, volaban alrededor de su presa.

Gunnar logró ponerse en pie, y observó a los pájaros de Calengol, que estaban vengando a su dueño.

Atacaron al príncipe, se posaron en su cabeza y le picotearon los brazos y las manos.

—¡Fuera, pajarracos! —chillaba Herbert.

Después, mientras el príncipe buscaba su espada, un aullido muy fuerte se elevó sobre el lago helado, retumbó en el valle e hizo resonar las paredes de la caverna.

Los lobos de Arcándida habían oído los disparos y se acercaban.

El príncipe Herbert ni siquiera intentó luchar de nuevo. Se volvió hacia las piedras y se dispuso a huir, dirigiéndose a la entrada de la cueva.

Gunnar emitió su grito de caza, un grito que formaba parte de su instinto y que había ocultado durante años, y, cojeando, siguió a Herbert.

Los cuervos volaban enloquecidos, mientras los lobos blancos de la guardia de Arcándida galopaban en torno al lago helado. Al llegar a la entrada de la caverna, vieron una extraña figura dibujada en la tierra compacta. Era un círculo, como un sol. En el centro del círculo, había un bastón.

Cuando Gunnar llegó a la caverna, arrastrando su pata herida, ya insensible, el príncipe Herbert acababa de recuperar su espada y su caballo negro. Sacó de la alforja una pequeña caja agujereada y corrió hacia el círculo con la cajita en la mano.

El padre de Nives había dividido los Cinco Reinos para que fueran gobernados en paz, pero, antes de eso, en aquellos territorios se hacían hechizos. Gunnar ignoraba ese aspecto, y tampoco sabía que el Rey Sabio había suprimido la magia y alejado a los brujos.

Lo que sí sabía es que él estaba vivo gracias al hechizo de la guardiana del volcán, una mujer que lo había transformado en lobo. Y sabía que la magia seguía existiendo. Una magia blanca. La magia de la vida.

Del mismo modo que sabía todo aquello, intuía que Herbert utilizaba otro tipo de magia. Una magia que destruía el mundo.

Y sabía que el círculo dibujado en el suelo era otro de los muchos hechizos del príncipe, igual que la tormenta de nieve que le había impedido dormir tantas noches, o como el embrujo que obligaba a Nives a soñar con Herbert.

Gunnar corrió tanto como le permitieron sus tres patas sanas.

El malvado príncipe saltó dentro del círculo un segundo antes de que Gunnar lo pudiese alcanzar. El hombre que decía llamarse príncipe Herbert de Lom asió con fuerza el bastón y lo levantó. Gunnar se abalanzó sobre su pecho.

—Por el momento..., ¡adiós! ¡Pero volveré en busca de lo que me pertenece! —gritó Herbert antes de desaparecer.

La piel de lobo de Gunnar empezó a arder. Sus garras se clavaron en la nada, y rodó hasta el suelo, entre el polvo.

Príncipe, bastón y círculo habían desaparecido. Lo único que quedaba de ellos era un ligero humo y el fuerte olor a la blanca piel del lobo, quemada por un calor imprevisto.

Desaparecido.

El príncipe de Lom había abandonado el Reino de los Hielos Eternos exactamente de la misma forma que había llegado.

Los cuervos graznaban, las siluetas de los lobos blancos se acercaban a la entrada de la caverna.

Y eso fue lo último que vio Gunnar.

28

El príncipe

En Arcándida, nadie salió a recibirlos. La puerta estaba cerrada. El piso inferior del castillo, oscuro, permanecía cerrado, como un henil antes de una tormenta. Se oía una música de baile, procedente de los pisos superiores. Los invitados se divertían.

Los lobos entraron en el patio como fantasmas. Arrastraron el cuerpo de Gunnar hasta un lugar seguro, y se tumbaron junto a él, exhaustos.

Aguardaron con paciencia, aunque estaban muertos de hambre. Pero no apareció Olafur, ni ningún otro criado. Parecía que aquella noche se habían olvidado de los lobos.

Luego, de repente, oyeron unos pasos, procedentes de la escalera de servicio: alguien bajaba rápidamente los peldaños. Los lobos blancos levantaron sus hocicos. Era la princesa Nives.

—¡Nooo! —gritó, al ver el cuerpo de Gunnar tendido y ensangrentado—. ¡No, Gunnar, no puede ser! ¡Decidme que no es verdad!

Por toda respuesta, los lobos se apartaron de su jefe. Nives se agachó y levantó el hocico de Gunnar. Éste tenía los ojos cerrados, la boca entreabierta y la lengua colgando.

—¡Oh, no, Gunnar! ¡No! ¡No puede ser! ¡No! —gritó Nives, desesperada.

El hocico del lobo parecía quemado. Y en la pata posterior se le había incrustado la sangre. Nives se mareó. ¿Estaba muerto?

—¡Despierta, Gunnar! ¡Gunnar!

De repente, la música de los pisos superiores se detuvo. Siluetas de hombres y de mujeres se recortaron contra la luz de las velas y las lámparas de aceite. Un movimiento casi imperceptible, y la rígida figura de Olafur apareció detrás de Nives.

El mayordomo se inclinó hacia el lobo blanco, y lo examinó con calma:

—Está vivo, princesa.

Nives sintió como si acabara de despertar de una pesadilla, y todos sus músculos se relajaron.

Observó con mayor atención el cuerpo de Gunnar. El mayordomo tenía razón: su pecho se movía arriba y abajo, lentamente, muy lento.

Pero ¿por qué no abría los ojos?

—Está herido, y muy cansado, princesa —explicó Olafur, y les ordenó a unos camareros pingüinos que avisaran al médico de la corte—. En seguida nos ocuparemos de todo.

Nives se tranquilizó un poco, cogió la cabeza del lobo y la recostó sobre sus rodillas.

—No me dejes, Gunnar, por favor —le susurró—. Todo se arreglará, todo será como antes: nuestras excursiones, nuestro árbol, nuestros secretos...

La princesa hablaba y lloraba a la vez. Gruesas lágrimas caían sobre el pelo de Gunnar.

—Nuestro secreto... en el desván —prosiguió Nives, entre susurros y llantos—. El poema que te leí, ¿lo recuerdas? El poema de mi padre. Me dijo que sólo podía enseñárselo al hombre de quien me enamorara. Y yo... yo te amo a ti, querido Gunnar.

Las lágrimas seguían cayendo, y parecían estrellas fugaces. Mientras resbalaban hasta el cuerpo del lobo blanco, algo estaba ocurriendo. Los primeros en darse cuenta fueron los otros lobos, que empezaron a alejarse y resoplaron, asustados.

Entre los brazos de Nives, Gunnar se iba haciendo más pequeño. Su pelo se iba consumiendo, como una tela desgastada por el sol. Las patas fueron desapareciendo y, en su lugar, empezaron a salirle manos y pies.

—¡Por las barbas del rey! —exclamó Olafur al verlo, completamente fuera de sí.

Y, un instante después, el mayordomo se desmayó.

En cambio, Nives no veía nada. Mientras sus lágrimas

inundaban el rostro del lobo, ella recordaba todos los momentos que habían pasado juntos.

—Despierta, Gunnar, por favor —repetía, sin dejar de acariciarle el hocico, las orejas, la nariz...

De pronto, Nives se detuvo y abrió los ojos.

Sus manos estaban acariciando el rostro de un joven muy guapo.

El joven abrió los ojos en ese mismo instante, y la miró.

Era él. Su mejor amigo, el compañero de aventuras que siempre había estado a su lado. Nives

reconoció aquella mirada serena y protectora que siempre la había tranquilizado.

Era Gunnar, su gran lobo blanco.

Nives no fue capaz de hablar, pero Gunnar sí.

—Te amo, princesa —dijo el joven.

—Pero... Gunnar, tú eres...

—Sí —respondió él—. Y siempre te he amado.

... y aquí termina la historia de la princesa Nives.

Supongo que os gustaría saber qué ocurrió después. Os lo voy a contar.

La boda que la condesa Berglind esperaba desde hacía tiempo finalmente se celebró. Todo estaba listo. Los invitados aguardaban. Y, por fin, en el último momento, Nives había encontrado a su príncipe. Como dijeron las cocineras del castillo, el novio, en realidad, no era un príncipe, pero... no iban a contrariar a Nives por eso. Además, Gunnar era un joven estupendo.

Durante el resto de sus días, el hombre que había sido un lobo tuvo que apoyar su pierna herida en un bastón, como recuerdo del duelo con el príncipe Herbert.

Nadie sabe con exactitud qué lo transformó de nuevo en hombre. Tal vez las lágrimas de amor de Nives rompieron el hechizo, o quizá estuvo tan cerca de la muerte que su pacto con Alifa, la guardiana del volcán, se rompió.

O tal vez, como pensó Nives durante mucho tiempo, fue gracias al poema de su padre, esos versos que ella leyó en el desván secreto del castillo. Un poema que invocaba el antiguo poder de la Fantasía y los sueños, que siempre pueden convertirse en realidad.

Sea como fuere, aquella primavera quedaron muchos misterios por desvelar en Arcándida. Misterios que no podían resolver ni los libros de Haldorr, ni la memoria prodigiosa de Helgi, el jardinero. Eran necesarios otros relatos: las historias de las hermanas de Nives, que aún no conocéis.

Pero avancemos con calma... Cada cosa a su tiempo. Ahora es el momento de disfrutar de la fiesta en Arcándida, de la boda de la princesa Nives.

Escuchad. ¿No oís discutir a Arla y a Erla sobre la fruta confitada? ¿Cuál de las dos tiene razón? ¿Erla, que quiere servirla con nata montada? ¿O Arla, que quiere impregnarla en jarabe de jazmín?

Antes de que baje el telón en el Reino de los Hielos Eternos, observad por última vez esa figura encorva-

da, que se mantiene al margen. Es Helgi, vestido con su traje de ceremonia. No deja de repetir que es una boda espléndida, una auténtica fiesta.

Y, un poco más lejos, detrás de las cortinas plateadas, ¿no veis a Tina? Y aquélla es Talía, que acaba de derramar una taza de té. Tapaos los oídos, porque está a punto de chillar.

Mejor irnos ahora, de puntillas, tal como entramos, y quedarnos con lo mejor: lo que une a Nives y a Gunnar es amor verdadero, ese amor que, según los envidiosos, sólo existe en los cuentos.

Por suerte, esto no es un cuento, es Fantasía. Y la Fantasía, como sabéis, existe de veras.

Y aquí me despido. ¡Nos vemos en el próximo reino!

Tea Stilton

ÍNDICE

GRAN REINO
Fuerte de los Reyes
Roca del Sueño
Isla Errante
REINO DE LOS BOSQUES
REINO DE LA TIERRA PROFUNDA